북극곰 고미의 환경 NGO 활동기

북극곰 고미의
환경 NGO 활동기

박하나 글 | 신슬기 그림

책내음

우리도
환경 지킴이가 될 수 있어요!

저 어릴 적 하늘은 참 맑았어요. 그 시절 하늘은 땅의 모든 것을 비출 것 같은 투명한 하늘빛이었지요. 지금은 어떤가요? 맑은 하늘보다 미세먼지 때문에 뿌연 하늘을 자주 보고 있지 않나요? 미세먼지라는 말을 모르고 살았던 때가 있었는데 그때가 아주 옛날처럼 느껴집니다.

저는 NGO단체에서 사회의 이야기들을 접했어요. 그 중에서도 가장 집중하여 보았던 것은 환경에 관한 부분이었는데, 사람들의 이기심으로 인해 멸종위기에 놓인 동물들이나 회복되지 못한 채 계속 망가져가는 자연에 대한 부분이 마음에 닿았습니다.

그래서 《북극곰 고미의 환경 NGO 활동기》를 쓰게 되었습니다. 사랑의 마음으로 지구를 지키고 보호할 때 그 안

에서 살아가는 우리도 건강하게 살 수 있다는 메시지를 전하고 싶었어요.

《북극곰 고미의 환경 NGO 활동기》는 어린이 북극곰 고미가 북극에 온 다큐멘터리 감독 캡틴을 만나 세계 곳곳으로 탐험을 떠나는 이야기입니다. 고미와 캡틴의 탐험을 통해 지구가 직면한 환경적 위기 상황을 알아보고 국제, 국내 주요 3대 환경 NGO 단체가 다루는 환경 이슈들을 책 속에서 만나게 될 거예요. 자연을 보호하고 지켜낼 수 있는 방법에 대해 함께 이야기를 나누고, 각자의 자리에서 지구를 지키기 위해 할 수 있는 일들이 뭐가 있을까 고민하는 시간이 되면 좋겠습니다. 탐험을 마치고 북극으로 돌아간 고미가 '북극 지킴이'를 만든 것처럼 말예요.

지금도 여전히 북극의 빙하가 녹아내리고, 숲이 사라져 동물들이 집을 잃고 있어요. 바다에는 쓰레기가 넘쳐나고 해양 동물들은 그 쓰레기를 먹으며 살아갑니다.

환경에 대한 관심이 쌓여 사랑이 되면 지구에는 희망이 생겨날 거예요. 쉽고 편리한 방법을 찾느라 자연을 아프게 했던 일들을 돌이켜 자연을 보호하는 일들을 찾아내는 여러분이 되기를 소망합니다.

차례

고미와 친구들
··· 8 ···

북극에 온 사람들
··· 11 ···

내가 멸종위기 동물이라고요?
··· 24 ···

친구들아 사라지지마
··· 36 ···

플라스틱 바다에 사는 우리들
··· 50 ···

이름만 남은 동네, 후쿠시마
··· 62 ···

원전보다 안전이 중요해요
··· 76 ···

남극에 간 북극곰
··· 86 ···

고미, 환경 영화제에 가다
··· 98 ···

4대강 이야기
··· 108 ···

이 숲의 주인은 누구일까요?
··· 118 ···

북극에서 보내는 편지
··· 128 ···

고미와 친구들

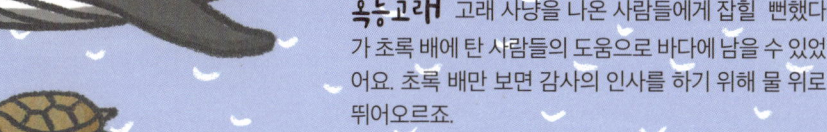

혹등고래 고래 사냥을 나온 사람들에게 잡힐 뻔했다가 초록 배에 탄 사람들의 도움으로 바다에 남을 수 있었어요. 초록 배만 보면 감사의 인사를 하기 위해 물 위로 뛰어오르죠.

바다거북 바다로 흘러들어 온 플라스틱 때문에 상처를 입었어요. 혹등고래의 도움으로 초록 배에서 치료받을 수 있었지요.

후쿠시마 할아버지 모두가 떠난 후 쿠시마의 한 마을에 홀로 남은 할아버지예요. 남겨진 동물들을 돌보기 위해 방사능 피폭의 위험을 감수하고 마을을 지켜요.

아델리펭귄 장난기 많은 수다쟁이 펭귄이에요. 호기심이 많아서 남극에 온 캡틴과 고미에게 다가와 금세 친해지지요. 미처 지켜내지 못한 아기 펭귄들을 생각하며 매일 눈물을 흘려요.

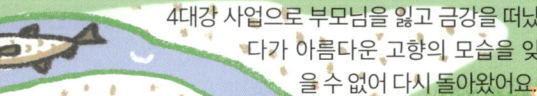

흰수마자 모래가 많고 물살이 빠른 곳을 좋아하는 물고기예요. 4대강 사업으로 부모님을 잃고 금강을 떠났다가 아름다운 고향의 모습을 잊을 수 없어 다시 돌아왔어요.

왜가리 다리가 가늘고 긴 새예요. 고미에게 친척이 살았던 가리왕산을 찾아가 달라고 부탁해요.

주목나무 어르신 가리왕산에서 400년 넘게 살다가 얼마 전에 베였어요. 밑동만 남은 자신보다 숲이 망가진 것을 더 마음 아파해요. 숲이 다시 살아나는 걸 보고 싶어 하죠.

북극에 온 사람들

"아빠, 오늘이에요. 우리 얼른 가요! 네?"

고미는 눈을 반짝거리며 아빠 등에 껑충 뛰어올라 몸을 앞뒤로 흔들었어요.

"그래, 고미야. 이제 출발하자. 준비는 됐겠지?"

"네! 당연하죠. '용감한 고미의 첫 사냥 날'이라고 달력에도 적어 놓은걸요?"

고미가 작은 어깨를 으쓱거리며 말했어요.

"귀여운 녀석. 고미가 아빠만큼 잘하는지 봐야겠는걸! 첫 관문은 이 언덕을 넘어가는 거란다. 씩씩한 북극곰이라면 이 정도는 문제없지. 안 그래?"

아빠는 고미를 등에서 내려 주며 언덕을 가리켰습니다.

"앞발로 짚고 몸을 당기면서 뒷발로 밀어 올리는 거야. 어때? 할 수 있겠니?"

"아빠! 이렇게요? 앞발로 먼저 짚고 몸을 이렇게 당긴 다음, 뒷발로 탁!"

"그래, 잘한다. 제법인데? 당기고 미는 것만 잘 기억하면 금세 언덕 꼭대기까지 올라갈 수 있을 거야."

"당기고 밀고, 당기고 밀고. 으하하!"

고미는 아빠가 알려 준 대로 몸을 당기고 뒷발로 밀면서 금세 언덕 꼭대기에 올라갔습니다.

"우아! 아빠 도착했어요. 이제 내리막길이에요!"

"고미야, 여기서부터는 배로 미끄러져서 한 번에 내려가는 거다! 아빠랑 누가 먼저 내려가나 시합하는 거야. 자, 아빠가 숫자 셀게. 하나, 둘, 셋 하면 내려가는 거다! 하나, 둘…."

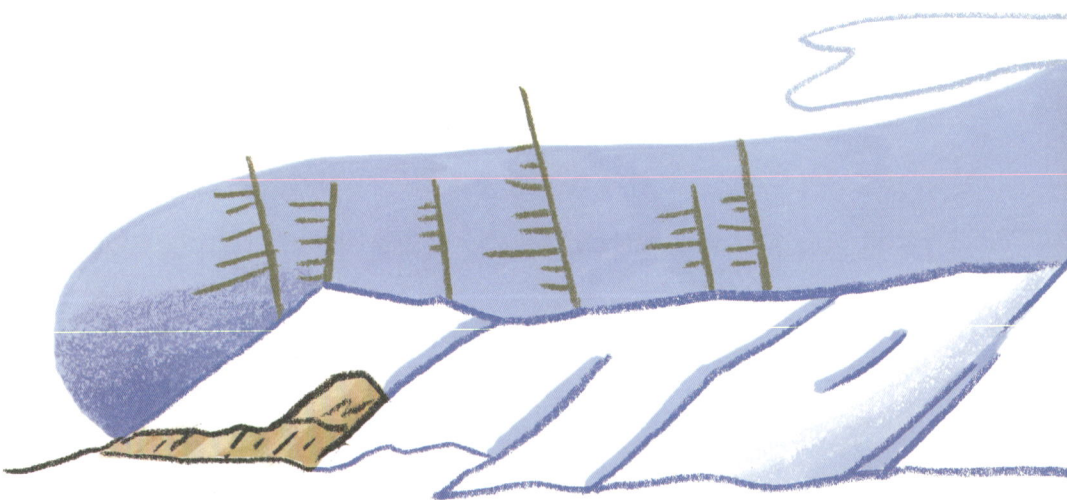

고미는 아빠가 셋을 세기도 전에 배를 밀어 미끄러지기 시작했어요.

"하하하. 아빠! 제가 먼저 출발해요! 하하하하."

고미는 순식간에 주르륵 미끄러져 내려갔습니다. 내려가는 속도가 어찌나 빠른지 털이 날려 양쪽 눈을 가렸어요. 그래도 고미는 계속 깔깔거리며 웃었어요. 기분이 너무 좋아서 웃음이 멈추질 않았

바다의 곰, 북극곰

북극곰은 북극해, 캐나다 일부 지역, 알래스카, 러시아, 그린란드와 노르웨이(스발바르 제도)에 걸쳐 서식해요. 먹이를 찾거나 짝을 찾기 위해 먼 거리를 걷거나 수영하여 이동할 수 있지요. 추운 곳에 생존하기 위해서는 많은 양의 지방이 필요해요. 그래서 북극곰은 먹이를 사냥하는 데 대부분의 시간을 사용하고 있어요. 주로 바다표범과 바다물범을 사냥하지만, 먹이를 구하기 힘든 여름과 겨울에는 해초 같은 식물성 먹이를 먹기도 해요.

> **북극곰은 북극의 추위를 어떻게 이겨낼까요?**
>
> 북극곰은 영하 50~60도의 강한 추위와 시속 120km의 강풍을 견뎌야 해요. 하지만 북극곰은 뛰어난 적응력을 지니고 있어서 지구에서 가장 추운 환경에서도 잘 살아갈 수 있어요.
>
> 하얗게 보이는 털과는 다르게 북극곰의 피부는 검은색이에요. 검은 피부 덕분에 빛을 잘 흡수해서 체온을 유지할 수 있지요. 또한 두꺼운 피하지방과 다른 곰에 비해 작은 귀와 꼬리는 몸 밖으로 방출하는 열을 줄여 주어 조금 더 따뜻하게 지낼 수 있답니다.

지요.

"우리 고미 정말 빠르구나! 사냥도 금방 배우겠어!"

"네, 아빠. 하하핫. 저 진짜 빠르죠? 첫 번째 대결은 제가 이긴 거예요!"

아빠와 고미는 몸을 흔들어 털에 뭉친 눈을 털어내며 웃었어요.

"하하. 아빠가 못 당하겠다, 정말. 여기는 바다표범이 많이 사는 곳이야. 첫 사냥에 이만한 곳이 없지!"

고미는 자신 있다는 미소를 지어 보였어요. 첫 사냥에 성공할 것만 같은 기분 좋은 예감이 들었지요.

"고미야, 바다표범 잡는 방법을 알려 줄게. 먼저 바다표범이 사는 굴을 찾고, 그 안에 있는 바다표범을 잡을 거야. 굴을 찾는 방법은 이렇게 앞발을 들고 바닥을 쿵 하고 찧는 거다. 자, 아빠를 한번 따라 해 봐."

고미는 앞발을 높이 치켜들었어요. 그러고는 아빠처럼 힘을 실어서 바닥을 쿵쿵 찧었어요. 눈 덮인 바닥에서 전해지는 진동에 몸이 부르르 떨려 왔어요.

"앞발로 바다을 이렇게 내리친 다음엔 강한 진동이 느껴지는 부분을 파내야 한단다. 이게 바로 바다표범 굴을 찾는 방법이야. 이제 아빠가 어떻게 하는지 잘 보렴."

아빠는 빠르게 앞발을 들어 여러 번 바닥을 쿵쿵 내리치다가 작은 굴이 생길 때까지 눈을 마구 파냈어요. 사냥에 집중한 아빠를 바라보던 고미는 엄청난 힘과 속도에 깜짝 놀랐어요.

그런데 아빠가 아무리 바닥을 내리치고 눈을 파내도 아무것도 나오지 않았어요. 고미는 온 힘을 다해 아빠를 따라 했지만 가쁘게 내쉬는 고미와 아빠의 숨소리만 들렸습니다.

"헉헉. 고미야, 원래 이곳엔 바다표범이 많아서 이렇게 하면 찾을 수 있었는데…. 이제 바다표범이 없는 것 같아. 정말 이상한 일이다. 요즘 사냥이 어렵긴 했지만, 여기까지 이럴 줄 몰랐네…. 바다에 한 번 들어가 봐야겠다. 사냥하러 나왔는데 뭐라도 잡아가야지."

고미는 아빠를 흘끗 보았어요. 아빠는 실망한 얼굴을 애써 감추고는 고미를 향해 미소 지었어요. 그 모습을 본 고미는 더 씩씩하게 대답했습니다.

"네, 아빠. 수영은 저도 자신 있어요."

풍덩. 고미와 아빠가 미끄러지듯이 물속으로 들어갔어요. 고미는 아빠 곁에 붙어서 한참을 수영했어요. 잠수해서 이리저리 둘러봤지만 둥글고 매끈한 바다표범은 볼 수 없었어요. 먹을 만한 작은 물고기조차 보이지 않았지요. 사냥에 실패할 수도 있겠다는 생각이 들자, 점점 숨이 차오르기 시작했어요.

"아빠, 너무 숨이 차요. 더는 못 있겠어요."

고미의 말에 아빠는 주변을 이리저리 둘러보았어요. 하지만 어떻게 된 일인지 올라가서 쉴 만한 얼음이 하나도 보이지 않았어요. 고미와 아빠가 함께 올라가면 깨질 것 같은 아주 얇은 얼음덩어리뿐이었지요. 아빠는 고미를 다시 바라보았어요. 고미는 온 힘을 다해 헤엄을 치고 있었어요.

"고미야, 두껍고 안전한 얼음을 찾으려고 했는데 보이질 않네. 얇은 얼음은 배로 올라가야 깨지지 않으니까 조심해서 올라가야 해. 잠깐 쉬었다가 돌아가자. 오늘은 사냥이 어려울 것 같아."

고미는 간신히 얼음 위로 올라갔어요. 너무 얇아서 위태로웠지만 그래도 잠깐 숨을 돌릴 수 있었어요. 얼음이 깨질까 봐 올라오지도 못하고 간신히 끄트머리를 붙잡고 있는 아빠의 모습이 속상해서 고미는 오히려 밝은 척하며 말했어요.

"아빠! 저 수영 많이 늘었죠? 오늘이 제일 멀리까지 수영한 날이에요. 일기에 써야겠어요."

아빠는 희미하게 웃으며 말했어요.

"그래. 힘든데도 잘 참던데? 잘했다, 고미야. 돌아갈 때는 아빠가 업어 줄게."

오늘 바다표범 사냥은 완벽한 실패였어요. 아빠는 사냥을 나갈

때와는 달리 돌아가는 길에는 한 번도 웃지 않았어요. 아빠의 마음속에는 고미에게 제대로 가르쳐 주지 못해 미안한 마음과 앞으로의 걱정들이 뒤섞였어요. 아빠는 애써 그 마음을 숨기며 고미를 등에 업고 헤엄쳤어요. 그때 고미가 바닷속에서 무언가를 발견했습니다.

"아빠! 잠깐만요. 물고기를 본 것 같아요. 제가 잡아 볼게요!"

고미가 앞발로 아빠 어깨를 다급하게 치며 말했어요. 아빠 등에서 뛰어내린 고미는 그대로 잠수해서 파도를 따라 이리저리 움직이는 물고기를 입으로 날름 잡아챘어요.

사냥의 기쁨도 잠시, 뭔가 이상했어요. 원래 물고기는 말랑하고, 입으로 깨물면 파닥거리는데 이 물고기는 그냥 딱딱하기만 한 거예요. 입에 정체 모를 덩어리를 물고 있는 탓에 고미는 아빠에게 묻지 못했어요. 얼른 집에 도착하기만을 기다렸지요. 아빠가 빠르게 헤엄친 덕분에 고미는 금세 집에 도착했어요. 아빠 등에서 내리자마자 고미는 입에 물고 있던 까맣고 딱딱한 덩어리를 뱉어내며 말했어요.

"퉤! 아빠! 이게 뭐예요? 물고기인 줄 알았는데 아닌가 봐요. 이거 엄청 딱딱해요!"

고미는 정체 모를 까만 덩어리를 들고 이리저리 살펴보았어요. 그러다가 한 입 깨물었지요.

탁.

딱딱한 덩어리는 고미가 깨물자 그만 부서져 버렸어요.

"아야!"

고미가 비명을 질렀어요.

"고미야, 왜? 왜 그래?"

"아빠, 이거 뭐예요? 이빨에 끼었어요. 아파요. 으앙."

아빠는 고미의 이빨 사이에 낀 작은 조각을 빼 주었어요. 부서진 채로 이빨에 끼어 있었던 날카로운 조각이 빠지면서 피가 나기 시작했어요.

"아빠. 피가 나요. 으앙."

"고미야, 이게 뭔지는 모르겠지만 먹으면 안 되겠다."

"네. 알겠어요, 아빠."

아빠는 입을 벌린 채 웅얼거리는 고미의 볼에 얼굴을 비볐어요.

"고미야, 실망시켜서 미안해. 사냥 대장은 어떻게 바다표범을 잡는지 보여 주려고 했는데 말이야."

고미는 안타까워하는 아빠의 마음을 이해했습니다.

"아빠, 예전에는 바다표범이 많이 있었어요?"

"그럼. 아빠가 너처럼 아이였을 때는 북극에 바다표범이 참 많았지. 네 할아버지의 할아버지가 말씀하시기를 굴만 잘 파도 사냥할 수 있다고 하셨어. 그런데 이제는 아니야. 달라졌어."

아빠의 눈이 순식간에 매서워졌어요. 그리고 동시에 조금 슬퍼 보

> **북극곰이 점점 사라져요**
>
> 북극은 전 세계 평균보다 2배 정도 빠르게 기온이 상승하고 있어요. 기온이 올라가면서 해빙이 녹아내려 북극곰이 사냥할 수 있는 면적이 작아졌어요. 북극곰은 먹잇감을 구하기가 어려워졌지요. 해빙이 줄어들면 헤엄치는 시간이 길어지면서 체력이 떨어져요. 그래서 물에 빠지거나 해빙이 녹아 떨어져 나가면서 바다 한가운데에 고립돼 죽는 북극곰도 많다고 해요.

였습니다.

"왜 없어졌을까요?"

아빠는 아무런 대답도 하지 않았어요. 한숨을 쉬는 아빠를 보며, 고미는 좋지 않은 일이 일어나고 있다는 걸 짐작할 뿐이었지요.

집으로 돌아온 고미는 멍하니 바다를 바라보았어요. 하나, 둘, 셋, 넷, 다섯…. 끝도 보이지 않는 넓은 바다에 커다란 얼음덩어리가 이것밖에 안 되다니 북극에 무슨 일이 일어나고 있는 게 틀림없다는 생각이 들었어요.

고미는 자신이 태어나기 전, 사냥을 나가기만 해도 성공하던 할아버지의 할아버지가 살아계시던 그때의 모습을 상상했어요. 커다란 빙하 위에서 동물들이 쉬는 모습을, 북극곰들이 바다에서 마음껏 수영하고 먹이를 잡는 모습을요. 그때였어요. 어디선가 바닷물 가르는 소리가 들렸어요. 눈을 가늘게 뜨고 정신을 집중하던 고미는 바다 저 멀리에서 무언가 움직이는 것을 발견했어요.

"배다!"

북극 바다 밑에 있는 기름을 가져간다던 배보다는 작은 것 같았어요. 배는 드문드문 떠 있는 얼음덩어리를 가르며 고미가 사는 마을을 향해 다가왔습니다.

초록색 몸체를 가진 커다란 배. 저 배는 왜 북극에 왔을까요?

북극에서 뭘 가져가려는 걸까요?

캡틴이 전해 주는 환경 이야기

북극을 지켜내고 지구 온난화를 늦출 방법이 있을까요?

북극의 얼음은 태양의 열을 반사해서 지구의 온도를 낮춥니다. 지구의 온도를 조절해 주는 것이지요. 그런데 사람들이 화석연료(석탄, 석유)를 사용하면서 이산화탄소가 많이 발생하게 되었고, 지구는 점점 뜨거워졌어요. 그 영향으로 빙하가 녹고, 반사할 얼음이 없어져 지구 온난화가 더 빠르게 진행되고 있습니다.

이미 우리는 빙하의 3/4을 잃었어요. 하지만 일부 석유 기업과 정부는 무분별한 석유 시추 사업을 지속하여 빙하를 녹이고 있지요.

환경 단체 '그린피스'에서는 지구 온난화를 늦추기 위해서 북극을 세계보호구역으로 만들어야 한다고 말합니다. 세계보호구역은 유엔(UN)의 보호를 받으며, 순수히 과학 및 연구를 위해서만 개방된 지역을 가리켜요.

북극이 보호 구역으로 지정되면 무분별한 산업 활동(석유 시추와 어업 활동)을 막을 수 있어요. 세계보호구역 지정은 모든 국가의 만장일치가 필요해요. 사람들의 동의를 얻기 위해 그린피스에서는 여러 홍보 활동을 하고 있지요.

북극이 세계보호구역이 되고, 기업은 화석연료 대신 재생 가능한 에너지를 사용하고, 우리가 일상에서 탄소 줄이기(나무 심기, 사용하지 않는 전기 코드 빼기, 음식물 남기지 않기 등)를 실천한다면 기후 변화를 늦출 수 있어요.

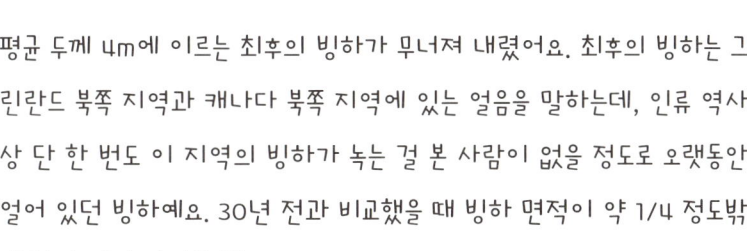

북극 최후의 빙하가 녹았다고요?

평균 두께 4m에 이르는 최후의 빙하가 무너져 내렸어요. 최후의 빙하는 그린란드 북쪽 지역과 캐나다 북쪽 지역에 있는 얼음을 말하는데, 인류 역사상 단 한 번도 이 지역의 빙하가 녹는 걸 본 사람이 없을 정도로 오랫동안 얼어 있던 빙하예요. 30년 전과 비교했을 때 빙하 면적이 약 1/4 정도밖에 남아 있지 않다고 해요.

==지금과 같은 속도로 빙하가 녹는다면, 2030년에는 북극의 여름에 얼음이 없고, 2050년에는 북극의 1/3이 사라질 거예요.== 북극에서는 지금도 해빙(바닷물이 얼어서 생긴 얼음)이 녹아내리고, 북극곰의 숨통을 조여오고 있어요. 기후 변화로 인한 재앙은 북극곰뿐만 아니라 폭염과 한파, 가뭄, 태풍 등의 이상기후로 인간에게도 재앙이 되었습니다.

내가 멸종 위기 동물이라고요?

"안녕?"

배에서 내린 사람들은 조심스럽게 고미에게 다가와 손을 내밀었어요. 고미는 낯선 사람이 자신을 만지려고 하자 뒷걸음질 쳤어요. 고미가 겁을 먹자 초록색 모자를 쓴 사람이 한 발자국 뒤로 물러서며 말했어요.

"미안해. 많이 놀랐니? 우리는 북극의 모습을 카메라에 담으러 왔어. 그러니까 무서워하지 않아도 돼. 우리는 너희를 해치지 않을 거야."

초록색 모자를 쓴 사람은 고미와 눈을 맞추며 말했어요. 다정한 눈동자를 보던 고미는 그 사람이 들고 있는 물건을 쳐다봤어요.

'카메라? 저게 카메라인가?'

도대체 뭘 하러 온 사람들인지 알아야겠다는 생각이 든 고미는 초록색 모자를 쓴 사람에게 물었어요.

"우리를 카메라에 담아요? 저게 내 몸보다 작은데 어떻게 제가 저기 들어갈 수 있어요?"

초록색 모자를 쓴 사람은 고미의 키에 맞춰 몸을 숙이고 눈을 보며 말했어요.

"카메라에 담는다는 말은 카메라가 너를 찍는다는 거야. 카메라로 내가 너를 비추면 네 모습이 카메라에 기록된단다. 나는 영화감독이고 우리는 환경 영화를 찍기 위해서 이곳에 왔어. 지구의 현재 모습을 담아가는 게 우리의 임무란다."

"임무요? 혹시 우리 아빠처럼 특공대예요?"

고미는 눈을 반짝이며 초록색 모자를 쓴 사람에게 다가서서 물었어요.

"하하하. 그래. 특공대라면 특공대지. 우린 전 세계를 돌아다니면서 지구의 모습을 카메라에 담고 있어. 그리고 사람들에게 전하지. 그런데 넌 이름이 뭐니?"

고미는 그제야 고개를 숙여 꾸벅 인사했어요.

"저는 고미예요. 우리 아빠는 여기 폴라란드에서 가장 사냥을 잘하는 특공대 대장이고요."

초록색 모자를 쓴 사람은 고미에게 한 발자국 다가서며 말했어요.

"반갑다, 고미야. 나는 감독, 아니 캡틴이라고 부르면 돼."

"캡틴이요? 우아! 멋지다! 캡틴!"

고미는 긴장을 풀고 캡틴을 향해 방긋 웃었어요. 그러다가 뭔가 생각났다는 듯이 눈을 동그랗게 뜨고 캡틴에게 다가갔어요. 캡틴은 모르는 게 없을 것 같다는 생각이 들었거든요.

"캡틴은 왜 얼음이 자꾸 녹는지 아세요?"

"왜? 사냥이 더 어렵니? 이제 헤엄치기도 힘들어진 거야?"

오늘 사냥을 다녀왔다고 말하지도 않았는데 캡틴은 다 아는 것처럼 고미에게 물었어요.

"네? 네…. 어떻게 아셨어요? 오늘 아빠랑 바다표범 사냥하러 갔었는데 바다표범이 없어서 못 잡았어요. 저희 아빠가 바다표범 사냥 대장이거든요? 사냥 기술을 다 썼는데, 한 마리도 못 잡고 그냥 집에 왔다니까요. 아빠는 그게 다 얼음이 녹아서라는데 도대체 왜 녹는지 이유를 모르겠어요. 얼음이 없으니까 바다표범들이 다 어디에 숨었는지 보이지도 않고요."

고미의 이야기를 들은 캡틴의 표정이 굳어졌어요. 캡틴의 앙다문 입을 보고 고미는 조금씩 불안해지기 시작했어요. 북극에 큰 문제가 생긴 게 분명했어요.

캡틴은 고미에게 어떤 말을 해 줘야 할지 생각하는 것 같았어요. 그리고 곧 마음을 정했는지 이야기를 시작했습니다.

"고미야, 지금 북극은 녹고 있어. 우리가 이렇게 대화하는 지금도 말이야. 북극뿐만 아니라 지구에 있는 모든 땅이, 산이, 바다가 오염되었어. 쉽게 말하자면 오염된 지구가 아주 많이 아파서 열이 나고 있는 거야. 그 열 때문에 빙하가 녹는 거고. 그걸 '지구 온난화'라고 부른단다."

지구가 오염돼서 아프다. 그리고 지구가 아파서 열이 난다. 그래서 그 열 때문에 빙하가 녹는다? 고미는 잘 이해가 되지 않았어요. 지구는 왜 오염이 됐지? 어디가 어떻게 아픈 거야? 고미의 머릿속에 질문들이 정신없이 떠다녔어요.

"캡틴! 지구가 왜 오염된 거예요? 북극은 괜찮은 것 같은데요?"

캡틴은 깊은 한숨을 쉬며 말했습니다.

"다 사람들 때문이야…. 미안해. 사람들이 만든 에너지가 공기를 오염시켰어. 또 나무를 베어버리고 거기에 건물을 짓고 쓰레기들을 그냥 버리고…. 그러다 보니 쓰레기들이 강으로, 바다로 흘러 들어가게 됐지. 계속 조금씩 오염되다가 지금

지구가 뜨거워지는 이유

지구 온난화는 지구의 평균 기온이 점점 높아지는 현상을 말해요. 지구 온난화를 일으키는 주범은 바로 이산화탄소입니다. 이산화탄소는 석유나 석탄과 같은 화석연료가 연소할 때 가장 많이 발생하는데, 화력발전소, 제철 공장, 시멘트 공장뿐만 아니라 가정용 난방과 자동차 운행 과정에서도 석유가 많이 사용되어 다량의 이산화탄소를 발생시켜요. 또한 열대림을 방화하는 과정에서도 이산화탄소가 배출됩니다. 숲이 사라지면 이산화탄소를 산소로 바꾸는 숲의 기능이 사라지기 때문에 대기 중 이산화탄소의 양은 더욱 늘어나게 돼요.

이 지경이 된 거야. 그런 것들이 결국 지구를 아프게 했고. 그래서 이젠 북극도 안전하지 않아."

북극도 이제 안전하지 않다니…. 혼란스러워하는 고미를 바라보며 캡틴은 떨어지지 않는 입을 열어 말을 이어갔어요.

"네 말처럼 북극의 빙하는 계속해서 녹고 있어. 이전보다 점점 더 빠른 속도로 녹고 있단다. 지금처럼 자연을 함부로 쓰면 앞으로 북극에서 사냥하는 북극곰들을 보지 못하게 될지도 몰라. 지금도 얼음이 많이 녹아서 사냥이 어려운데 빙하가 더 사라지면 먹을 것을 구하지 못하는 북극곰들은 어떻게 될까? 어쩌면 북극곰 자체가 사라지게 될지도 몰라."

"내가 사라진다고요? 내 친구들도 우리 가족들도 전부요?"

고미는 북극곰이 사라질 수도 있다는 생각을 한 번도 해 본 적이 없었어요. 요새 사냥이 더 어려워지긴 했지만, 곧 괜찮아질 거라 생각했거든요. 캡틴은 울먹이는 고미를 안아 주며 말했어요.

"고미야, 내가 지구의 모습을 카메라에 담는다고 했지? 우리는 북극의 상황이 어떻게 변하고 있는지 찍어 가려고 이곳

기후난민, 멸종 위기 동물 북극곰

해빙이 감소하면서 북극곰이 사냥에 성공하는 확률은 점차 줄어들고 있어요. 사냥의 실패로 먹이 없이 지내는 기간이 길어지면 길어질수록 북극곰들의 건강 상태도 악화되지요. 북극곰들은 자신이 건강하지 못할 때에는 새끼를 덜 낳기 때문에 북극곰의 수는 점점 줄어들고 있어요. 2008년 5월, 미국 멸종 위기종보호법에서는 북극곰을 멸종 위기종으로 지정했어요.

에 온 거야. 현실을 있는 그대로 담아 가서 이 심각한 상황을 이야기하고 사람들과 함께 자연을 보호하기 위한 일들을 계획하기 위해서 말이야. 모두가 힘을 모으면 지구를 지킬 수 있을 거야. 틀림없이."

고미는 캡틴의 눈을 가만히 바라보았어요. 자신의 눈에 차오른 눈물이 캡틴의 눈에도 어른거리는 게 보였어요. 지구를 사랑하는 캡틴의 마음이 느껴졌어요. 고미도 사랑하는 북극을 위해서, 지구를 위해서 뭐라도 해야겠다는 생각이 들었습니다.

"고미야, 혹시 북극에서 플라스틱 본 적 있니? 모양이 아주 다양해. 물컹거리기도 하고 딱딱하기도 하고 하늘거리기도 하거든."

"혹시, 그건가?"

고미는 집 앞에 뱉어 두었던 딱딱한 덩어리를 입에 물고 와 캡틴 발아래에 내려놓았어요.

"아까 이걸 물고기인 줄 알고 바다에서 잡았거든요? 그런데 한 입 깨물었다가 가시 같은 게 이빨에 끼어서 피가 났어요. 이게 그건가요? 플라스틱?"

캡틴은 플라스틱을 한눈에 알아보았

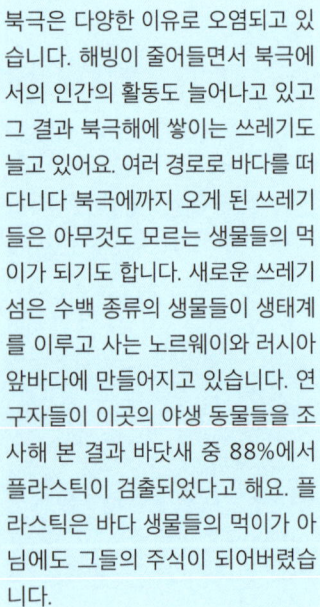

북극에 쓰레기 섬이 생기고 있어요

북극은 다양한 이유로 오염되고 있습니다. 해빙이 줄어들면서 북극에서의 인간의 활동도 늘어나고 있고 그 결과 북극해에 쌓이는 쓰레기도 늘고 있어요. 여러 경로로 바다를 떠다니다 북극에까지 오게 된 쓰레기들은 아무것도 모르는 생물들의 먹이가 되기도 합니다. 새로운 쓰레기 섬은 수백 종류의 생물들이 생태계를 이루고 사는 노르웨이와 러시아 앞바다에 만들어지고 있습니다. 연구자들이 이곳의 야생 동물들을 조사해 본 결과 바닷새 중 88%에서 플라스틱이 검출되었다고 해요. 플라스틱은 바다 생물들의 먹이가 아님에도 그들의 주식이 되어버렸습니다.

어요. 바다의 물길을 따라 북극에까지 플라스틱이 들어오게 된 거예요. 캡틴은 고미가 가리키는 플라스틱을 카메라로 찍었습니다.

"고미야, 저건 절대 먹으면 안 돼. 먹이인 줄 알고 먹으면 배가 많이 아플 거야. 다른 북극곰들에게도 꼭 말해야 한다. 알겠지?"

고미는 고개를 끄덕였어요. 북극의 상황을 알면 알수록 고미는 북극을 아름답던 그 시절로 되돌려 놔야겠다는 생각이 들었어요. 할아버지의 할아버지가 살아 계셨던 그때의 북극, 빙하도 충분하고 먹이도 충분했던 깨끗한 북극을 말이에요.

"캡틴! 캡틴은 지구의 환경을 카메라에 담는 여행을 다닌다고 했죠? 북극이 마지막 여행지인가요?"

"아니, 북극이 시작이야. 북극 촬영이 끝나면 지구의 다른 곳으로 갈 거야."

캡틴의 말에 고미는 무언가를 결심한 듯 고개를 몇 번 끄덕이고는 말했어요.

"캡틴! 저 캡틴과 함께 갈래요. 이렇게 가만히 북극에 있을 수 없어요. 지구의 일을 잘 알아야 다른 이웃들에게 말해 줄 수 있잖아요. 저도 같이 가고 싶어요!"

고미의 결정을 아빠도 캡틴도 말릴 수 없었어요.

고미는 씩씩하게 초록 배에 올라탔어요. 고미는 배 아래에서 고미를 바라보는 아빠에게 앞발을 들어 인사했어요.

"아빠! 잘 다녀올게요. 저도 아빠처럼 멋진 대장이 되어서 돌아올게요!"

고미의 인사를 끝으로 초록 배가 출발했어요. 아빠의 모습은 점점 작아지고 북극 저 멀리까지 보이기 시작했어요.

지구를 지키기 위한 고미의 진짜 여행이 시작된 거예요.

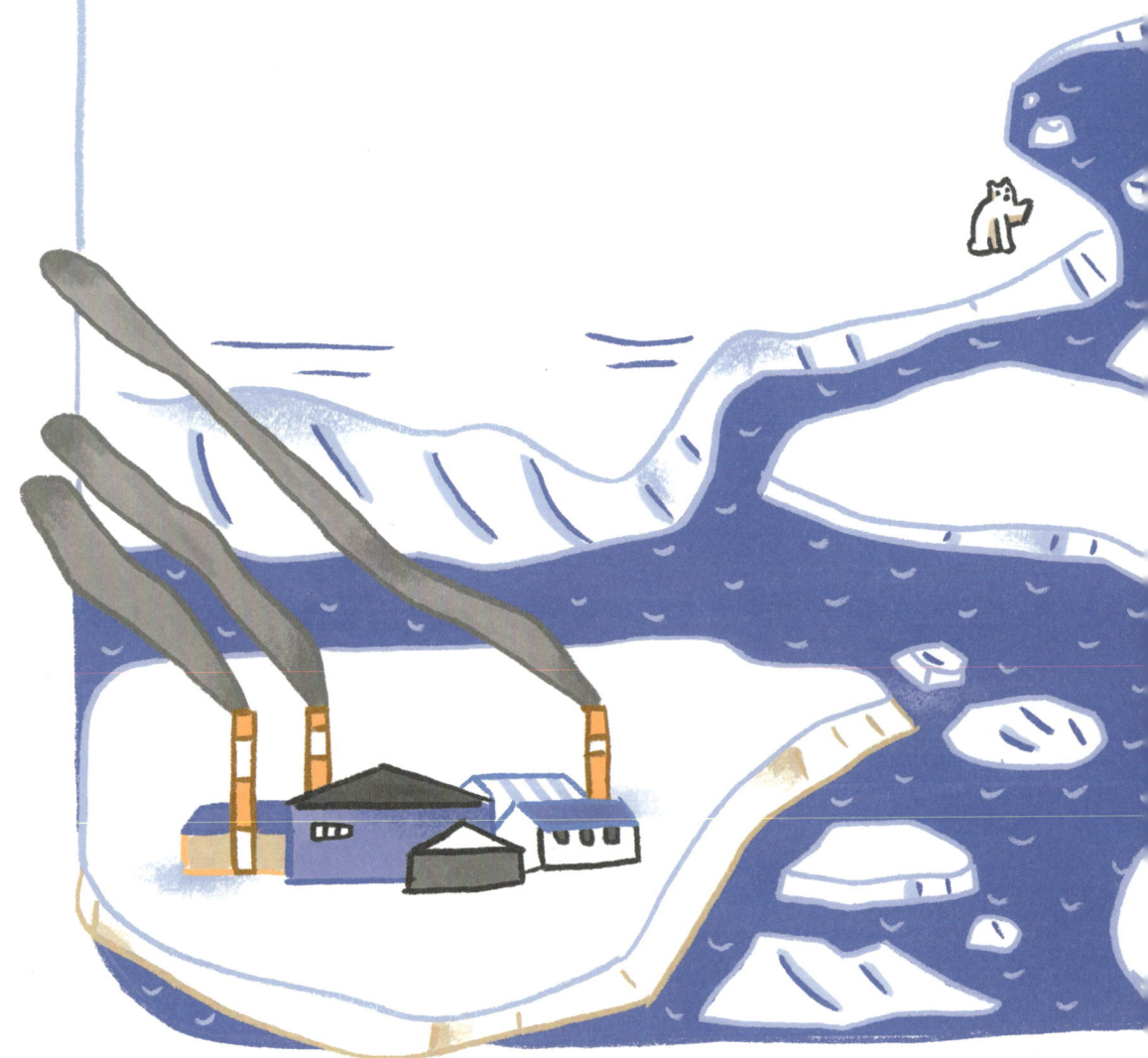

캡틴이 전해 주는 환경 이야기

멸종 위기종을 나누는 기준

멸종은 생물의 한 종류가 아예 없어지는 것을 말해요. 공룡이나 매머드가 지구에서 사라진 것처럼 말이에요.

지금도 여러 이유로 생물들이 지구에서 사라지고 있어요. 생물이 살던 곳이 훼손되거나, 생물을 무분별하게 잡아 더 이상 번식을 하지 못한 경우, 기후가 바뀌며 더 이상 지구에서 살 수 없을 때 생물들은 멸종되어요.

그렇다면 멸종 위기에 처한 생물은 누가, 어떻게 정할까요? 멸종 위기종 선정은 국가 단위에서 멸종 위협을 평가하는 방식이 아닌, 해당 종의 전 세계적 분포를 고려하여 멸종 위협을 평가하는 것을 원칙으로 하고 있어요.

세계자연보전연맹(IUCN)에서는 2~5년마다 멸종 위기에 처한 동식물 보고서인 '적색 목록'을 발표해요. 적색목록은 멸종 위험이 높은 생물을 선정하고, 위기의 정도에 따라 등급을 나누어요. 모든 생물이 소중하지만 그중에서도 '위급', '위기', '취약' 세 단계에 속하는 심각한 멸종 위기 생물에게는 특히 관심을 가져야 해요. 적색 목록에 의하면 약 7만 1,000종의 생물 중 30%인 약 2만 1,000종이 멸종의 위험에 처해 있고, 이 중 약 1만 종은 멸종의 위험성이 매우 커서 시급한 보호가 필요하다고 합니다. 멸종의 위험에 놓인 종은 해마다 늘고 있어요.

북극에서 점점 사라지고 있는 동물이 있나요?

북극에는 북극곰과 천적 관계인 고래가 살고 있어요. 바다의 유니콘이라는 별명을 가진 일각돌고래입니다. 머리 위로 긴 뿔처럼 생긴 엄니라는 이빨이 있어서 그렇게 불리게 되었어요.

==독특하고 신기한 생김새에 사람들은 일각돌고래를 마구잡이로 잡았습니다. 일각돌고래의 엄니는 아주 비싼 가격에 거래가 되었기 때문이죠. 많은 일각돌고래들이 잡혔고, 일각돌고래는 지금 멸종 위기 등급 중 취약의 단계에 있어요.==

==일각돌고래들은 밀렵 말고 또 다른 위협에도 놓여 있어요. 바로 석유 탐사를 위한 공기총 발포 때문이에요.== 공기총의 소음은 크기가 260데시벨 정도인데 사람이라면 고막이 찢어질 수도 있는 큰 소리라고 해요. 소리로 의사소통을 하는 일각돌고래들에겐 너무 고통스러운 일이죠. 일각돌고래들은 이런 소음을 매일같이 듣고 있어요. 겨울이 되면 상황은 더 심각해집니다. 기후에 민감해 계절마다 이동해야 하는데 공기총의 소음으로 움직일 수가 없거든요. 그러다 겨울 얼음 바다에 갇혀 죽는 경우도 많이 있어요.

친구들아 사라지지 마

"캡틴! 우리 어디로 가요?"

차가운 북극 바다를 떠나 벌써 여러 날을 보냈는데도 고미는 여전히 들떠 있었어요.

"우리는 멸종 위기에 놓인 동물들을 만나러 갈 거야. 지금은 아시아에 사는 호랑이를 만나러 가는 길이란다. 갈색 털에 검은 줄무늬가 있는 아주 멋진 녀석이지."

초록 배에서 내린 고미와 캡틴은 호랑이들이 사는 숲으로 향했어요. 나무를 처음 본 고미는 초록색의 커다란 잎이 가득한 숲에서 눈을 뗄 수 없었어요. 고미는 이런 멋진 곳에 사는 호랑이가 왜 사라질 위기에 놓였을까 생각하며 캡틴과 함께 호랑이의 흔적을 찾았습니다.

"고미야 저기 봐. 저기 호랑이 가족이 있어."

캡틴이 가리킨 쪽을 보니 갈색 털에 검은 줄무늬가 선명한 호랑이들이 있었어요. 쓰러져 있는 나무를 기어 올라가는 아기 호랑이도 있었지요.

그때였어요. 몸집이 큰 호랑이가 캡틴을 향해 다가왔어요. 호랑이가 가까이 다가올수록 매섭게 생긴 얼굴과 뾰족한 송곳니가 크게 보였어요. 그 모습이 무서워서 고미는 캡틴의 뒤로 숨었어요.

"아호야, 정말 여기에 있네. 어떻게 된 일이야?"

캡틴은 호랑이를 보고 겁내지 않았어요. 오히려 안타까운 목소리로 물었지요. 호랑이는 캡틴 곁으로 다가와 살짝 미소를 지었어요. 고미는 호랑이의 미소가 아빠의 미소와 닮았다고 생각했어요. 그러자 호랑이가 더는 무섭지 않았지요.

호랑이는 자기 가족이 있는 곳으로 캡틴과 고미를 안내했어요.

"캡틴, 우리 진짜 오랜만이죠? 시간이 많이 지난 것 같은데 캡틴은 그대로시네요. 저희 이사 왔어요. 전에 살던 집이 마음에 쏙 들었었는데 사람들이 숲 한가운

멸종위기 동물 호랑이

야생 호랑이는 도시를 만들기 위한 도로 건설과 산림 훼손, 불법 밀렵과 포획으로 인해 멸종 위기에 놓여 있어요.

서식지를 잃은 호랑이들은 뿔뿔이 흩어져서 13개국(방글라데시, 부탄, 인도네시아, 인도, 라오스, 말레이시아, 미얀마, 네팔, 러시아, 태국, 베트남, 중국, 캄보디아)의 제한된 숲과 초원에서 힘겹게 살아가고 있습니다.

아시아 국가 일부에서는 호랑이를 약으로 쓰거나 신분을 과시하기 위한 상징물로 삼았어요. 사람들의 잔인한 수요를 충족시키기 위해 호랑이들은 놀라운 속도로 밀렵당했지요. 야생 호랑이는 전 세계적으로 약 3,890마리만 살아남았어요.

> **친구들의 집을 지켜 주세요**
>
> 8천 년 전만 해도 지구 전체의 절반 정도를 차지했던 숲이 지구에서 사라지고 있어요. 인도네시아의 원시림 72%, 아마존 원시림의 15%는 이미 사라지고 말았습니다.
> 사람들은 치약이나 초콜릿, 팜오일을 얻기 위해 땅을 개간하고, 목재나 펄프, 종이를 만들기 위해 나무를 베지요. 또 새로운 길을 내기 위해 나무들을 자릅니다. 이렇게 나무들이 사라지면 숲에 살던 많은 생물이 집을 잃게 되어요.

데에 도로를 만들어서 어쩔 수 없이…."

아호는 캡틴의 첫 환경 영화 주인공이었어요. 캡틴은 아호 가족이 숲에서 살아가는 모습을 찍었었지요. 캡틴은 아호의 몸에 있는 마이크로칩으로 아호가 집을 옮겨왔다는 것을 알 수 있었어요. 그래서 다시 아호를 만나러 온 거예요.

캡틴은 아호의 가족에게 고미를 소개해 주었습니다. 고미는 고개를 꾸벅 숙여 인사한 뒤에 캡틴과 아호가 나누는 이야기를 가만히 들었어요.

"숲에 도로를 만드는 바람에 이사한 거구나. 여기는 어때?"

캡틴의 물음에 아호는 깊은 한숨을 쉬며 말했습니다.

"며칠 전에 밀렵꾼들이 들이닥쳤어요. 우리는 다행히 그때 다른 곳에 있었는데 제 동생은 잡히고 말았어요. 조카는 한순간에 아빠를 잃었죠. 이곳도 안전하지 않아요. 그들이 우리 흔적을 봤을 테니까요. 저도 잡혀갈까 봐 너무 무서워요. 보시다시피 아직 아기가 너무 어려서 지켜야 하거든요."

캡틴은 카메라를 들어 아호가 이야기하는 모습을 찍었어요. 카메라 속의 아호는 불안해 보였어요.

고미는 사람들의 행동이 잘 이해되지 않았어요.

"저기요, 캡틴. 그리고 아호 아줌마. 숲에 도로를 만든다고요? 숲에 얼마나 많은 친구가 사는데! 이사 갈 곳도 마련해 주지 않고 그렇게 쫓아내는 법이 어디 있어요? 그리고 호랑이는 왜 잡아가요? 사람들이 호랑이도 잡아먹어요?"

고미의 물음에 아호가 대답했어요.

"사람들은 우리가 집을 잃는 것보다 사람들이 편한 게 더 우선이라고 생각해서 숲에 길을 만드는 거야. 그리고 사람들은 우리 가죽을 좋아해. 튼튼하고 무늬가 멋지니까. 뼈나 발은 약으로도 쓴다던데…. 너무 무서워."

아호의 얼굴이 점점 새파랗게 변했어요. 이 아름다운 숲에서 그런 잔인한 일들이 벌어지다니. 그런 이유로 호랑이가 사라질 위기에 놓여 있다는 사실이 고미는 슬프기도 하고 화가 나기도 했어요.

"우리만 심각한 게 아녜요. 이야기 들어 보니 코끼리도 만만치 않더라고요. 이 숲에서 몇 마리가 잡혀갔는지 셀 수도 없대요. 우리도 그렇지만 그 덩치 큰 녀석도 밀렵꾼들에게 잡히면 제대로 반격을 못해요. 여기 이사 와서 친해진 코끼리가 있는데 한번 만나 보시겠어요? 만나면 제 안부도 좀 전해 주세요. 아직 살아 있다면요."

아호는 캡틴에게 코끼리가 사는 곳을 알려 주었어요. 그러고는 아무것도 모른다는 듯 천진난만하게 놀고 있는 아기 호랑이를 꼭 안았지요.

고미는 고미를 위해 쉬지 않고 물속을 헤엄치던 아빠를 떠올렸어요.

캡틴과 고미는 나무와 풀로 뒤덮여 미로 같은 숲을 한참 동안 헤맸어요. 한쪽 귀를 다친 코끼리라 한눈에 알아볼 거라던 아호의 말과는 달리 둘은 꽤 오래 걸려서 코끼리를 찾을 수 있었습니다.

"안녕하세요? 혹시 아호라는 호랑이를 아나요?"

고미의 말소리에 깜짝 놀랐는지 엎드려 있던 코끼리가 몸을 일으켜 세우고 주변을 두리번거리며 뒷걸음질 쳤어요.

"무슨 일이세요? 아호가 왜요?"

코끼리의 커다란 눈이 파르르 떨렸어요. 코끼리가 경계하는 이유를 아는 캡틴과 고미는 속상했어요.

"무서워하지 말아요. 우리는 아호의 친구예요. 당신과 얘기를 하고 싶어서 왔어요. 해치지 않으니 걱정하지 마세요."

캡틴이 두 손을 펴서 무기가 없다는 걸 보여 주었어요. 그제야 코끼리는 깊은 한숨을 내쉬며 고미와 캡틴 가까이 다가왔어요.

멸종위기 동물
아시아코끼리

야생에 서식하는 아시아코끼리의 숫자는 50,000마리도 되지 않아요. 아주 오랜 시간 아시아코끼리는 인간의 위협 속에 살아왔어요.
최근에는 마구잡이로 가죽과 신체를 탐하는 밀렵의 위협에 놓여 있습니다. 또한 코끼리들은 관광을 목적으로 한 코끼리 트래킹 체험을 위해 팔리기도 합니다. 등에 사람을 태우고 가파른 산을 몇 번이고 오르내리지요. 서커스장에 팔려 간 코끼리는 한 동작을 배우기 위해 수도 없이 매를 맞습니다.
2017년 1월부터는 코끼리 밀렵 비율이 이제까지의 평균 수치를 훌쩍 넘어서고 말았습니다. 코끼리의 주요 서식지에서 주로 밀렵이 이루어지고 있어 지금 같은 속도라면 야생 코끼리가 1~2년 사이에 사라질 수도 있어요.

"코끼리 아저씨, 아호 아줌마에게 들었어요. 사람들이 코끼리 가죽도 좋아하나요?"

"아호가 아직 살아 있구나! 정말 다행이야. 밀렵꾼들이 우리 가죽뿐 아니라 이제는 우리 꼬리털로 반지를 만든다고도 하고, 이빨을 뽑아서 약을 만든다는 소문도 있어. 사실 예전에는 상아가 있는 수컷 코끼리들을 주로 잡아갔는데 이젠 나이와 상관없이 마구잡이로 잡아가. 얼마 전에는 미처 도망치지 못한 어린 코끼리가 총에 맞았단다."

코끼리는 생각도 하기 싫다는 표정을 지었어요. 고미의 귀에서는 아직 한 번도 들어본 적 없는 총소리가 들리는 것 같았습니다.

"저기요, 캡틴. 언젠가 아호에게 캡틴에 대한 이야기를 들은 적이 있어요. 이런 상황을 카메라로 찍어 가면 우리를 도와줄 수 있는 겁니까? 숲은 점점 사라져 가고 사람들은 계속해서 우리를 찾아내서 잡아가고 있어요. 우린 이제 갈 곳이 없습니다. 이대로라면 사람들이 사는 마을로 내려갈 수밖에 없어요. 우리가 그런 선택을 하지 않을 수 있게 해 줘요. 제발."

코끼리의 말에 캡틴은 멸종 위기에 놓인 동물들의 상황을 자세히 찍어서 세상에 알리고 동물들을 보호할 방법을 찾겠다고 코끼리와 약속했습니다.

캡틴과 고미는 코끼리에게 마지막 인사를 건넸어요. 그리고 돌아서려는데 코끼리가 하지 못한 말이 있는지 다시 캡틴을 불렀습니다.

"캡틴! 사람들이 이야기하는 걸 들었는데, 전 세계에 30마리밖에 남지 않은 동물이 있대요. 혹시 누군지 아세요? 남 일 같지가 않아요. 혹시 그 친구도 만나 봐 주실 수 있을까요?"

캡틴은 그 동물이 바다에 사는 세상에서 가장 작은 고래, 바키타돌고래라고 말해 주었어요.

캡틴과 고미는 바키타돌고래가 사는 멕시코 바다에 도착했어요.

"혹시 판다처럼 눈가에 검은

멸종위기 동물
바키타돌고래

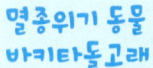

몸길이 1.5m, 몸무게 40~45kg인 바키타돌고래는 세상에서 가장 작은 돌고래예요. 바키타돌고래는 판다처럼 눈가에 검은 반점이 있고 입은 늘 웃고 있는 모습이지요. 바키타는 멕시코의 캘리포니아만 북쪽 끝에서 주로 살아요. 바키타돌고래는 자망어업(눈에 보이지 않을 만큼 얇은 유령 그물)으로 인해 꾸준히 감소하고 있어요. 작은 물고기와 새우를 잡기 위해 놓인 그물이 그들에게는 잘 보이지 않아 그만 그물 속에서 헤어 나오지 못한 채 버둥거리다 죽고 맙니다. 현재는 바키타돌고래의 90%가 사라지고 겨우 30마리가 안 되는 개체 수가 있다고 해요. 바키타는 사람을 많이 경계하는 동물이기에 개체 수를 계산하기 어려워서 음파 탐지기를 이용하여 그들이 내는 소리로 개체 수를 가늠하고 있어요.

반점이 있고, 웃고 있는 입 모양을 가진 돌고래를 본 적 있나요?"

고미와 캡틴은 바다에서 만난 고래와 물고기들에게 바키타돌고래를 본 적 있냐고 물었지만 본 지 너무 오래돼서 잘 기억나지 않는다는 대답만 들었어요. 바다를 몇 번이고 돌았지만 바키타돌고래를 보았다는 친구들은 없었어요.

"캡틴, 바키타는 이미 사라진 게 아닐까요?"

고미는 화가 난 듯 가슴을 치며 말했어요. 사람들이 세상의 동물들을 모두 사라지게 할 것 같은 생각이 들었어요.

"고미야, 음파 탐지기를 켜 보자. 바키타의 음파를 찾으면 이 바다에 몇 마리가 있는지 알 수 있거든."

한참 동안 탐지기는 멈춰 있었어요. 고미와 캡틴은 실망한 듯 표정이 어두워졌지요.

그때, 삐익. 삐삐삐이익. 탐지기에 빨간불이 반짝이면서 소리가 났어요. 그리고 약하게 몇 번의 신호가 잡혔습니다.

"캡틴! 아직 있는 거죠? 바키타가 아직 살아 있는 거 맞죠?"

고미는 흥분한듯 커다란 목소리로 말했어요.

"그래. 아주 약하게 신호가 잡히고 있어. 이걸로 정확히 몇 마리가 이 바다에 있는지 알 수 없지만 그래도 아직 살아 있어. 이 바다에 사는 게 분명해."

"아! 정말 다행이에요. 캡틴."

진심으로 기뻐하는 고미의 모습을 보며 캡틴도 옅은 미소를 지었어요.

"하지만 전 세계에 30마리도 남지 않았으니… 다른 동물들보다 더 위급한 상황이야. 아예 사라진 게 아니라 다행이지만 말이야."

고미는 그래도 다행이라는 생각이 들었습니다. 아직 사라지지 않은 바키타를 위해 할 수 있는 일이 있으니까 말이에요.

"아직 희망이 있어요. 캡틴. 되돌릴 수 있을 거예요. 모두가 노력하면 이 바다에서 많은 바키타를 볼 수 있을 거예요!"

캡틴의 카메라엔 바키타돌고래 대신 끝없이 펼쳐진 푸른 바다만이 가득 담겼어요.

탐지기의 빨간불이 다시 한 번 반짝이자, 초록 배의 뱃머리에 선 고미는 보이지 않는 바키타돌고래를 향해 소리쳤어요.

"바키타야! 우리가 최선을 다할게. 부디 살아남아 줘! 조금만 더 기다려 줘!"

고미는 바키타돌고래가 자신의 목소리를 듣고 있을 거라고 믿었어요. 고미의 목소리는 철썩철썩 치는 파도에도 지지 않고 바다에 울려 퍼졌습니다.

멸종 위기의 동물들

위급 - 자바랩윙, 댕기흰찌르레기, 칼상어, 산작약, 검은코뿔소, 카카포 등

위기 - 남생이, 따오기, 이집트땅거북, 두루미, 히말라야늑대, 보노보, 레서판다, 시베리아호랑이, 대왕판다, 눈표범, 저어새, 부안종개, 삼악어, 수마트라 오랑우탄, 산맥, 보넷긴팔원숭이 등

취약 - 흑두루미, 표범, 갈라파고스땅거북, 하와이기러기, 사향노루, 흰죽지수리, 참수리, 섬개개비, 두크마른원숭이, 안경곰, 꼬리명주나비, 반달가슴곰, 구렁이 등

캡틴이 전해 주는 환경 이야기

동물들의 서식지를 보호하기 위해 환경 단체는 어떤 일을 할까요?

멸종 위기에 놓인 동물들을 보호하는 일 중 가장 중요한 것은 서식지를 보호하는 것입니다. 환경 단체에서는 생물들이 사는 서식지를 주기적으로 살펴보며 밀렵, 벌목 등과 같이 생물들의 서식지를 위협하는 요인은 없는지 확인하고, 주변 환경조사를 통한 감시활동을 하고 있어요.

환경 단체에서는 서식지가 야생 동물들의 생존에 절대적인 영향을 준다는 것을 알리고, 서식지의 개발을 제한하는 법이 만들어지도록 국가에 요구하는 일을 하기도 해요. 사람들의 편의를 위해 숲을 훼손하지 못하도록 법으로 정하자는 것이지요.

환경 단체에서는 환경문제를 교육하는 일에도 힘쓰고 있어요. 이러한 활동으로 사람들은 환경 파괴의 심각성을 알게 되고, 환경을 지키기 위해 행동하지요. 그리고 국가들끼리 협약을 맺기도 해요. 우리나라도 '생물다양성협약(CBD)', '멸종위기에 처한 야생 동물·식물종의 국제거래에 관한 협약(CITES)', '물새 서식처로서 국제적으로 주요한 습지에 관한 협약(Ramsar)' 등 국제 협약에 가입하여 국제적인 노력에 동참하고 있답니다.

상아가 없는 코끼리가 태어난다고요?

코끼리에게 상아는 먹이를 찾고, 웅덩이를 파고, 천적의 공격을 막을 수 있는 생존에 꼭 필요한 신체 일부예요. 하지만 상아는 코끼리의 생명을 위협해 왔어요. 바로 코끼리 상아를 노린 밀렵 때문입니다.

10년간 중국 등 아시아 국가에서 상아의 수요가 급증하면서 많은 코끼리가 목숨을 잃었습니다. 1930년대에는 코끼리 300만 마리가 있었지만 2016년에는 불과 35만 마리만 남게 되었죠.

인간의 욕심 때문에 상아가 덜 발달한 코끼리만이 살아남게 되었습니다. 그렇게 살아남은 코끼리들 간의 교배가 이루어져 코끼리들은 점점 상아가 없거나 작은 상아를 가진 채로 태어나게 되었어요. 결국 상아 없는 코끼리의 유전자가 후세에 전해지며 상아 없이 태어나는 코끼리 숫자가 늘고 있는 것입니다. 인간의 욕심 때문에 코끼리는 상아를 영영 잃게 된 거예요.

플라스틱 바다에 사는 우리들

초록 배는 계속 앞으로 나아갔어요. 끝도 없이 이어지는 바다의 물길을 따라 달리고 또 달렸지요.

'어? 저게 뭐지?'

고미는 부서지는 파도를 따라 커다란 무언가가 다가오고 있는 것을 보았습니다.

"캡틴! 캡틴! 저기 좀 보세요! 누가 우리를 따라오고 있어요!"

갑판에 앉아 있던 캡틴은 자리에서 일어나 고미가 가리킨 곳을 보았어요. 그때였어요. 까맣고 커다란 혹등고래가 바다 위로 뛰어올랐습니다. 혹등고래는 무언가 할 말이 있는 것처럼 배 주변을 왔다 갔다 했어요. 커다란 고래의 움직임에 배가 출렁거렸지요. 캡틴은 고래에게 가까이 가기 위해 난간을 꼭 잡고 섰습니다. 초록 배의 시동이 꺼지자 혹등고래가 물 위로 얼굴을 내밀었어요.

"안녕하세요! 혹시 저를 기억하세요?"

고래는 다정한 눈빛으로 초록 배 여기저기를 둘러보며 말했어요.

"안녕? 미안하지만, 너무 많은 친구를 만나는 탓에 모두 기억하기가 어렵단다. 우리가 언제 만난 적이 있니?"

"저는 이 배를 아주 잘 알아요! 사람들이 우리를 잡으러 왔을 때 이 배를 타고 온 사람들이 우리 가족을 구해 줬거든요. 저는 그때 아주 어렸지만 똑똑히 기억해요."

혹등고래는 실망하지 않고 씩씩하게 말했어요. 고래의 이야기를 들은 캡틴은 고개를 끄덕였습니다.

"사람들이 너희를 잡으려고 할 때였나 보구나. 어른 고래가 될 때까지 무사해서 다행이야. 만나서 반갑다."

"정말 감사했어요. 엄마가 절대 잊으면 안 된다고 하셨어요. 언젠가 바다에서 다시 만나게 되면 꼭 감사 인사를 해야 한다고 하셨지요."

고래는 몇 번이나 잠수했다가 올라오며 물을 뿜었어요. 캡틴과 고미는 바닷물을 뒤집어썼지요. 둘은 홀딱 젖은 서로를 바라보며 웃음을 터뜨렸어요. 젖은 머리를 털며 캡틴은 고래에게 다시 물었습니다.

고래를 잡는 사람들

1986년에 사고팔기 위해 고래를 잡는 것이 금지되었어요. 그런데 일본과 노르웨이, 아이슬란드와 같은 고래잡이 지지 국가들은 과학적 연구를 위한 고래잡이를 허용한 법을 이용해서 한 해 천 마리에 가까운 밍크고래를 잡고 있어요. 잡은 밍크고래는 아무렇지 않게 시장에 팔고 있지요.

"요즘은 좀 어떠니? 그래도 예전보다 고래를 잡으려는 사람들이 줄긴 했지?"

"네. 하지만 여전히 있어요. 늘 조심하려고 노력해요. 어린 고래들이 가족들과 떨어지지 않게 지켜보고 있죠."

카메라는 빨간불을 깜빡이며 고래의 모습을 열심히 담았어요.

캡틴이 혹등고래를 인터뷰하고 있을 때, 어디선가 고통스러워하는 소리가 들렸어요.

"저기요, 캡틴! 그리고 혹등고래 씨! 지금 이 소리 안 들려요? 으으

으 하는 소리요!"

고미의 이야기에 캡틴과 고래는 숨을 죽이고 귀를 기울였어요. 크진 않지만 분명히 어디선가 애타는 신음이 들려왔어요. 고래는 도움이 필요한 친구를 찾기 위해 바닷속으로 들어갔어요.

혹등고래는 한참 동안 소리의 주인을 찾으려고 헤엄쳤습니다. 얼마나 지났을까, 고래는 바다거북 한 마리를 등에 태워 물 위로 올라왔어요.

"캡틴! 바다거북 코에서 피가 나요. 엇? 뭔가 꽂혀 있는데? 저게 뭐예요?"

캡틴은 바다거북에 가까이 갔어요. 동그랗고 긴 무언가가 바다거북의 코에 꽂혀 있었어요. 거북이는 몸을 웅크리며 괴로워했어요. 캡틴은 상자에서 집게를 꺼낸 다음, 고미에게 거북이를 붙잡고 있어 달라 부탁했어요.

"코에 빨대가 끼었어. 정말 많이 아팠겠다. 아주 깊숙하게 박힌 것 같아."

캡틴은 여러 번 시도한 끝에 바다거북의 코에 꽂혀 있던 빨대를 빼낼 수 있었어요. 생각보다 빨대는 더 길었고 콧속 아주 깊은 곳까지 들어가 있었습니다.

빨대를 빼낸 바다거북의 코에선 한참 동안 코피가 흘러나왔어요. 캡틴은 코피로 피범벅이 된 거북이의 얼굴을 닦아 주었습니다. 거북이는 놀란 가슴을 진정시키기 위해 숨을 크게 쉬었어요.

"후유. 여러분, 정말 감사해요. 덕분에 살았어요. 혹등고래 씨! 등에 태워 줘서 고마워요."

바다로 온 플라스틱

매년 800만 톤의 플라스틱 쓰레기가 바다로 흘러들어 가고 있어요. 그리고 지구와 바다, 우리 모두의 건강을 위협하는 악순환이 반복되고 있습니다. 잘게 부서진 플라스틱 쓰레기가 먹이사슬을 따라서 해양 생물을 거쳐 다시 인간에게 돌아오는 것이에요.

플라스틱이라고 하면 흔히 떠올릴 수 있는 일회용 컵, 페트병, 빨대 등은 '일회용'으로 잠시 쓰였다가 버려진 후 아주 오랜 시간이 지나도 자연 분해되지 않고 생태계를 떠돌며 피해를 줍니다.

버려진 그물망은 바닷새의 발을 묶어 굶어 죽게 만드는 덫이 되기도 하고, 가늘고 긴 빨대는 바다거북의 콧속에 박혀 숨을 쉬지 못하게도 합니다. 작게 부서진 플라스틱 조각은 해양 생물들이 먹이로 착각하기도 하지요. 현재 다양한 해양 생물의 몸속에서 플라스틱이 발견되고 있습니다.

바다거북은 캡틴과 고미에게 천천히 이야기했어요.

"혹시 제 코에 꽂힌 게 뭔지 아세요? 요즘에 저런 것들이 바다에 너무 많아요. 작은 것부터 큰 것까지 모양도 여러 가지고…. 미끌미끌한 것도 있고 아주 딱딱한 것도 있고 구부러지는 것도 있어요. 해초랑 비슷한 건 그냥 먹기도 하는데 먹고 나면 꼭 배가 아프더라고요. 저는 정말 운이 좋았어요. 지난번에 제 친구는 저 기다란 막대기가 코에 꽂힌 채로 일주일을 넘게 지냈다니까요. 얼마나 아파했는지 몰라요."

바다거북의 이야기를 듣고 있던 고미의 얼굴이 일그러졌어요. 고미는 캡틴을 보며 말했습니다.

"캡틴! 저거 플라스틱 맞죠?"

"그래, 맞아. 사람들이 음료를 마실 때 쓰는 빨대라는 건데 저것도 플라스틱이야."

고미는 예상했다는 듯이 고개를 끄덕였어요.

"혹등고래 씨! 혹시 고래 씨도 플라스틱 본 적 있어요?"

"거북이 코에 박혀 있던 그게 플라스틱이라는 거지? 똑같은 모양은 아닌데 정체를 알 수 없는 것들을 보기는 해. 나는 물을 한꺼번에 많이 마시니까 종종 덩어리들을 바닷물이랑 같이 먹을 때가 있긴 하지. 별로 심각하게 생각 안 했는데 위험한 거야? 저런 것들 때문에

배가 아픈 건가?"

고미는 캡틴을 쳐다보았어요. 서로 말은 하지 않았지만 바다의 상황이 좋지 않다는 것을 느끼고 있었습니다.

"고래 씨, 거북 씨! 저는 북극에서 왔어요. 거기서 캡틴을 만나 이곳까지 함께 왔지요. 북극 바다에도 플라스틱이 있었어요. 저는 그게 물고기인 줄 알고 씹었다가 날카로운 조각이 잇몸에 박혀 고생했

었죠. 너무너무 아팠어요. 피도 났고요. 모든 바다에 플라스틱이 있나 봐요. 친구들에게 알려 줘야 해요. 절대 먹으면 안 된다고요. 다치게 된다고요."

"그래, 알겠어. 나도 조심할게. 그리고 친구들에게도 말할게."

"나도 조심해 볼게. 조심한다고 괜찮을지 모르겠지만 말이야."

혹등고래와 바다거북이 대답했어요.

캡틴은 바다거북의 딱딱한 등껍질을 토닥여 주었어요.

"너희들 말처럼 바다는 이미 많이 오염된 상태야. 눈에 보이지 않는 작은 쓰레기부터 부피가 큰 쓰레기들까지 바다를 더럽히고 있지. 그 쓰레기 안에 플라스틱도 있는 거고. 사람들은 예전의 깨끗한 바다로 되돌리기 위해서 노력하고 있단다. 아직 그 노력이 많이 부족하지만 점점 더 많은 사람이 바다를 살리는 일에 함께할 거야. 그러니 부디 살아남아 주렴. 우리가, 그러니까 사람들이 깨끗한 자연을 돌려줄 그날까지 건강하게. 알겠지?"

고미와 혹등고래, 바다거북은 캡틴의 눈에 맺힌 눈물을 보았어요. 동물들을 생각하고, 자연을 사랑하는 마음이 온전하게 느껴졌습니다.

고미와 캡틴은 혹등고래와 바다거북에게 여행하면서 만난 친구들의 이야기를 해 주었어요. 바다에 사는 고래와 거북은 숲에 사는 호랑이, 코끼리를 신기해했고 그들의 이야기를 듣고는 마음 아파했요. 한참 이야기를 나누다가 바다거북이 친구들에게 들은 소문에 대해 말했습니다.

"캡틴! 일본 후쿠시마 앞바다에 가면 지느러미가 없는 물고기가 있다던데 보신 적 있으세요? 친구의 사촌의 친구가 눈이 세 개고 꼬리가 없는 물고기도 봤다고 했거든요."

"글쎄. 나도 실제로 본 적은 없지만 있을 수도 있어. 후쿠시마 바다에선 아주 무서운 일이 일어났거든. 너희들도 그쪽 바다로는 가면 안 돼. 알겠지? 그럼 우리 다음에 다시 만나자. 우리는 그곳으로 가 봐야겠다."

캡틴은 바다거북을 다시 혹등고래의 등에 태워 주었어요.

"만나서 반가웠어. 건강하게 잘 지내야 한다!"

캡틴은 초록 배에 시동을 걸었어요. 엔진 돌아가는 소리가 나고 배가 출발하자, 혹등고래는 바다거북을 등에 태운 채 배를 따라 헤엄쳤어요.

"조심히 가세요. 저희도 잘 지낼게요. 캡틴과 고미도 안전하게 여행하세요. 그리고 꼭 바다를 되돌려 주세요!"

캡틴은 점점 멀어지는 고래와 거북을 카메라에 담았어요. 캡틴의 뒤에 서 있던 고미는 언젠가 다시 만날 그날의 바다가 좀 더 깨끗하기를 기도했습니다.

캡틴이 전해 주는 환경 이야기

플라스틱을 줄여요!

전 세계에서 폐기된 플라스틱 63억 톤 중 단 9%만이 재활용되었다는 사실을 알고 있나요? 나머지 79%는 그대로 땅이나 물속에서 아주 천천히 분해되고 있어요. 한국에서는 플라스틱 쓰레기가 하루에만 5,445톤이 나오고, 한국의 1인당 연간 플라스틱 소비량은 2015년 기준 132.7kg이나 되어요. 게다가 쓰레기는 매년 증가하고 있지요. 환경 단체인 그린피스에서는 플라스틱 쓰레기를 줄이는 법을 만들어 달라고 정부에 요구하고 있어요. 플라스틱을 줄이면 당장은 불편하겠지만 미래에 일어날 끔찍한 일들을 막을 수 있지요.

지구의 초록 평화 지킴이 그린피스 GREENPEACE!

그린피스는 지구의 환경 문제와 그 원인을 밝혀내기 위해 평화롭고 창의적인 방법으로 행동하는 단체예요. 전 세계 정부 및 기업들의 환경 파괴를 조사, 기록, 폭로하며 사회가 환경을 위해 책임감 있고 올바른 선택을 하도록 돕지요. 1970년대 중반, 그린피스의 초기 고래사냥 반대 캠페인은 이전에는 보지 못했던 방식으로 포경 업계에 전 세계의 관심을 집중시켰습니다. 고래가 잔혹하게 죽임당하는 영상과 사진을 대중에게 보여줌으로써 대중의 여론을 '고래사냥 반대'로 돌릴 수 있었어요. 그린피스는 프랑스가 태평양에서 핵무기 실험을 금지하는 데 힘을 더하기도 했답니다.

플라스틱 '0'을 위한 방법

고미의 질문

1. 플라스틱 빨대와 일회용 식기 사용을 줄여요!
일회용 빨대는 해변에서 가장 많이 발견되는 쓰레기 중 하나라고 해요. 일회용 플라스틱 빨대 대신에 여러 번 쓸 수 있는 빨대를 사용하면 어떨까요? 종이 빨대를 사용하거나 빨대를 사용하지 않는 것도 하나의 방법입니다. 음식점이나 배달 음식을 먹을 때 일회용 수저나 젓가락은 필요 없다고 미리 이야기하는 것도 플라스틱을 사용하지 않는 좋은 방법이 될 거예요.

2. 에코백과 텀블러를 들고 다녀요!
물건을 사고 일회용 비닐봉지나 코팅된 종이가방을 받는 대신 에코백을 가지고 다니고, 일회용 컵 대신 텀블러를 이용한다면 플라스틱 쓰레기를 눈에 띄게 줄일 수 있을 거예요.

3. 사소한 습관을 바꿔 보아요!
사용하던 물건이 플라스틱 용기에 담겨 있다면 다음에 구입할 때는 다른 물건을 구입해 보는 건 어떨까요? 편의점에서 음료를 살 때 페트병 대신 유리병이나 종이에 들어 있는 음료를 선택한다던가, 비 오는 날 우산 비닐 커버를 사용하지 않는 일들 말이에요.

4. 분리수거를 잘해요!
재활용만 잘해도 지구의 오염을 줄일 수 있어요. 플라스틱에 부착된 상표를 살피고 그에 따른 방법으로 재활용해 보세요. 이물질이 묻어 있다면 깨끗하게 닦고, 페트병에 비닐이 쌓여 있다면 분리해서 버려야 합니다.

이름만 남은 동네, 후쿠시마

"캡틴! 후쿠시마에서 무슨 일이 일어난 건데요?"

고미는 아까부터 궁금했던 것을 물었어요.

"2011년 3월에 일본 도호쿠 지역 앞바다에서 아주 강한 지진이 일어났어. 지진이 나면서 해일이 밀어닥치는 바람에 가까이에 있던 후쿠시마 원자력 발전소가 바닷물에 잠기는 끔찍한 사고가 생겼지. 그 사고로 발전소에 있던 방사성 물질이 밖으로 흘러나왔고, 아주 심각한 오염을 일으키고 만 거야."

고미는 한숨이 절로 나왔어요. 산 넘어 산이라는 말은 이럴 때 쓰는 말이라는 생각이 들었어요.

"몇 해 전에 후쿠시마에 살았던 사람들 인터뷰를 하려고 우리 팀이 간 적이 있어. 그 땅은 밟는 것만으로도 위험한 땅이 되어 있었지.

그 동네에 살던 사람들은 집과 일터를 지키지 못하고 급하게 마을을 떠날 수밖에 없었대. 키우던 동물들을 데리고 나올 수도 없었지. 이미 방사능에 오염되었으니 말이야."

"그럼 그곳에 살던 사람들은 어떻게 됐어요?"

"사고가 난 동네에서 좀 더 떨어져 안전하다고 말하는 동네로 이사를 했지. 우리도 그곳에 찾아가서 인터뷰를 했어. 하지만 그곳도 안전하지 않았지. 그저 아주 위험한 곳에서 그보다 조금 덜 위험한 곳으로 옮겨 온 것뿐이었으니까. 일본 정부는 이제 후쿠시마는 안전하다고 말하면서 다시 사람들에게 살던 곳으로 되돌아가라고 한대. 사람들은 여전히 불안해하며 돌아가지 못하고 있지."

그 이야기를 하며 캡틴은 상자에서 옷을 꺼내 자신이 하나 입고, 고미에게 하나를 입혀 주었어요. 그 옷은 방사능 피폭을 막아 주는 옷이라고 했어요. 캡틴과 옷을 나눠 입으며 고미는 이 절망스러운 재앙을 어떻게 마주해야 할지 두려웠어요. 차라리 보지 않았으면 좋겠다는 생각이 들었어요. 고미는 눈물을 참으려고 두 눈을 꼭 감을

후쿠시마 원자력 발전소 사고

2011년 3월 11일, 일본 도호쿠 지역 앞바다에서 강도 9.0의 큰 지진과 해일이 일어났어요. 이로 인해 후쿠시마의 원자력 발전소가 바닷물에 잠겨 발전소에 있던 방사성 물질이 밖으로 흘러나왔고 주변의 넓은 땅과 물이 오염되었어요. 원전에서 새어 나온 방사능 때문에 급성 백혈병 환자가 갑자기 늘어났어요. 후쿠시마에서 반경 30킬로미터 주위로는 몇백 년이 지나야 사람이 살 수 있게 될지 알 수 없는 상황이에요. 후쿠시마 인근 해역에서 잡힌 물고기들을 조사했더니 방사능에 심각하게 오염된 사실이 밝혀졌답니다.

수밖에 없었습니다.

"거의 다 왔어."

초록 배에서 내린 고미는 마을의 모습을 보고 힘이 쭉 빠졌어요. 원전 사고가 일어난 지 8년이 지났는데도 여기저기 집들은 부서진 그대로 있고 밭도, 길도 엉망이었지요. 고미는 겁이 나서 캡틴 옆에 바짝 붙었습니다.

"캡틴, 꼭 유령 마을 같아요. 역시 이 마을에는 아무도 살지 않나 봐요."

캡틴과 고미는 마을을 둘러보기로 했어요. 우주 어딘가에 도착한 지구인처럼 방호복을 입은 둘의 모습은 조용한 마을과는 어울리지 않았어요.

"고미야, 후쿠시마는 사고가 났던 2011년에 머물러 있는 것 같아. 이렇게 고요하고 평화로운 곳이 위험하다니…."

캡틴은 카메라를 들고 주변을 둘러보며 이야기했어요. 캡틴이 들고 있는 방사능 탐지기는 연신 삐삐삐 소리를 크게 내며 울렸어요. 캡틴은 방사능 수치가 잡히지 않을 정도로 높다는 신호라고 고미에게 알려 주었습니다.

나무들은 저마다 키를 키우고, 푸른 잎을 내고 있었어요. 들에는 들꽃도 피어 있고, 하늘 위로 작은 새들도 날아다녔지요. 겉으로 보기에는 원전의 피해로 위험한 동네라는 게 믿어지지 않았어요.

"고미야, 저게 바로 핵폐기물이야. 저렇게 꽁꽁 싸매서 빠져나오지 못하게 보관하는 거야. 핵폐기물이 밖으로 나오면 상상할 수 없는 큰 피해를 입게 된단다."

캡틴이 손으로 가리킨 넓은 들판에는 셀 수 없을 만큼 많은 검은 덩어리들이 있었어요. 그것들은 자연과 어울리지 않는 모습이었어요.

넓은 들판을 바라보고 있던 고미의 눈이 갑자기 커졌어요.

"엇? 캡틴! 저기 사람 아니에요? 맞죠?"

고미의 말에 캡틴도 멀리에 있는 사람을 발견했어요. 누가 먼저랄 것도 없이 둘은 그를 향해 달려갔어요.

"저기요! 안녕하세요!"

가까이 다가가 보니 한 할아버지가 바닥에 앉아서 고양이에게 밥을 주고 있었어요.

"여기서 북극곰을 보다니. 반가워요."

할아버지는 캡틴에게 손을 뻗어 악수를 하고는, 고미의 머리를 쓰다듬어 주었어요.

핵폐기물은 어떻게 처리할까요?

핵폐기물은 원자력 발전소나 병원, 연구소 등에서 나오는 쓰레기로 방사성 물질이나 방사성 원자핵에 오염된 물질을 말해요. 생물체가 방사능에 노출될 경우 치명적인 손상을 받기 때문에 보통 핵폐기물은 콘크리트 등으로 밀봉해서 땅속이나 바닷속 깊이 묻어요. 그렇다고 해서 안전하다고 할 수는 없어요. 잘못하면 밀봉 상태에서 새어 나와 흙과 물을 오염시킬 수 있기 때문이죠.
독성이 강한 핵폐기물은 10만 년은 지나야 안정화 상태가 된다고 해요. 핵을 통해 원자력 발전을 하면 많은 에너지를 얻을 수 있지만, 에너지를 얻고 난 뒤 만들어진 핵폐기물이 미치는 악영향 때문에 원자력 발전을 포기하고 '탈핵'을 선택하는 나라들이 많아지고 있습니다.

"저희는 후쿠시마 앞바다에 눈이 세 개고 꼬리가 없는 물고기가 산다는 소문을 듣고 확인해 보러 이곳에 왔어요. 저는 고미고요, 이 분은 캡틴이에요. 저희는 지구가 지금 어떤 상황인지 살펴보는 여행을 하고 있어요."

할아버지는 고개를 끄덕였어요.

"눈이 세 개인 물고기는 아직 본 적 없어요. 머리가 두 개인 자라는 본 적이 있죠. 하지만 이 땅이라면 그런 물고기가 있을 수도 있어요. 이 땅이라면…."

할아버지는 고양이를 품에 안으며 걸음을 옮겼어요. 고미와 캡틴은 할아버지를 따라 천천히 걸으며 이야기를 나눴습니다.

"저는 여기에 사람이 살지 않는 줄 알았어요. 여기서 사시면 안 되는 거 아니에요?"

할아버지는 고미를 부드러운 눈빛으로 쳐다보았어요. 캡틴의 카메라는 할아버지와 고미의 얼굴을 번갈아 담았습니다.

"저도 이 녀석들만 아니었으면 다른 사람들처럼 마을을 떠났을 거예요. 이 마을은 그날 이후로 아주 위험해졌으니까. 그런데 남아 있는 동물 친구들을 보니 그럴 수가 없는 거예요. 떠날 수가 없었어요."

캡틴과 고미는 말없이 할아버지를 따라 걸으며 할아버지가 하는 이야기에 귀를 기울였어요.

"나라에선 방사능에 피폭된 동물들을 안락사하라고 했어요. 강제로 이들의 생명을 끝내라는 거죠. 키울 수가 없으니까. 돌봐 줄 수가 없으니까요. 그렇게 해서 집단 폐사된 친구들도 많아요. 그런데 뼈만 앙상한 동물들이 마을을 돌아다니는 모습을 상상하니까 나라도 여기에 남아 있는 동물들을 돌봐야겠다고 생각했어요. 그래서 이 마을에 남아서 동물들을 돌보고 있죠."

고미와 캡틴은 할아버지를 따라 걸으며 많은 동물을 만났어요. 개, 고양이, 타조 들은 밥을 주는 할아버지를 기다리고 있었던 것처럼 할아버지가 나타나니 반가워했어요. 마을 안에서는 삶이 또다시 이어지고 있었어요. 이렇게 유령 마을 같은 곳에서도 말이에요.

할아버지는 고미와 캡틴에게 자신의 농장에 함께 가자고 했습니다. 소 300마리를 키우고 있는 할아버지의 농장에는 얼마 전 송아지가 태어났다고 했어요.

"여기가 우리 농장이에요. 저기 따로 울타리를 쳐 놓은 곳에 이번에 태어난 송아지들이 있지요. 짝짓기할 수 없게 구분해 놓았는데도 저렇게 새끼를 낳았네요. 그게 자연의 이치라 그런가. 허허. 그런데 안타깝게도 다리가 세 개뿐이에요."

고미와 캡틴은 뒷다리가 하나 없는 송아지를 보았어요. 앞발로 기듯이 뒷다리 하나를 질질 끄는 힘겨운 송아지의 몸짓에 목이 턱하고 메어 왔어요.

캡틴은 카메라로 송아지의 모습을 확대했어요. 송아지의 힘겨운 몸짓과 어미 소의 안타까운 눈빛이 카메라에 고스란히 담겼어요. 고미는 눈물이 날 것만 같았어요. 그 모습을 본 할아버지는 캡틴에게 이야기했습니다.

"후쿠시마 원전 사고는 평생을 살아 온 고향과 친구들을 빼앗아 갔어요. 방사능이 스며들어 오염된 자연은 언제 회복될 지 알 수 없고, 동물들은 오지 않는 주인을 하염없이 기다리게 되었어요. 자기 몸이 왜 아픈지도 모르고 고통받아야 하죠. 모두의 목숨을 대가로 얻어야 할 것은 세상에 아무것도 없어요. 사람들에게 알려 주세요. 원자력 발전소에서 일어난 그 날의 끔찍한 사고가 아직도 이어지고 있다는 것을."

참혹한 표정으로 고개를 끄덕이는 캡틴과 고미를 바라보며 할아버지는 말을 이었습니다.

"이곳은 사람이 돌아와 살 수 없는 곳이 되어 버렸어요. 겉으로는 멀쩡해 보이는 내 몸에도, 동물들의 몸에도 언제 병이 생길지 몰라요. 아니, 이미 병을 가지고 있을 수도 있지요. 이런 끔찍한 일이 다시는 일어나지 않도록, 이 일을 멈출 수 있도록 함께해 주세요."

할아버지는 고미와 캡틴을 간절한 눈빛으로 바라보았어요.

"아 참, 그리고 이 마을은 아직 출입제한지역이라서 하루에 여섯 시간만 열려 있어요. 이제 곧 나가야 하는 시간이니 얼른 가요. 찾아와 줘서 고마워요."

셋은 서로를 안아 주며 작별 인사를 나누었어요. 부디 서로의 자리에서 무사하기를 빌며 캡틴과 고미는 마을을 빠져나왔습니다.

"캡틴! 그렇게 위험한 거란 걸 알면서도 사람들은 왜 원자력 발전소를 만든 거예요? 이럴 줄 몰랐나요? 또다시 발전소에서 사고가 나면 어떡해요? 계속 이런 절망적인 일들이 생길 텐데!"

고미는 할아버지 앞에서 하지 못했던 이야기를 꺼내 놓았어요. 아무리 생각해도 모두의 생명을 빼앗아 갈 수 있는 위험한 발전소를 만든 사람들이 이해가 되지 않았어요.

고미는 캡틴에게서 등을 돌리고 섰어요. 너무 화가 나고 속상해서 눈물이 터져 나왔어요. 고미는 소리 내어 엉엉 울었습니다. 숲에서, 바다에서 만난 친구들에게는 꼭 지켜 주겠노라 약속했지만 이곳에선 그 약속을 할 수 없을 것 같았습니다.

캡틴은 잠시 카메라를 내려놓고 고미를 토닥였습니다. 후쿠시마에 살았던 사람들을 인터뷰하면서 느꼈던 절망이 다시 생생하게 살아났어요. 같은 사람으로서 자연과 동물들에게 부끄럽고 미안한 마음뿐이었습니다.

캡틴은 고미에게 말했어요.

"고미야, 우리는 더 이상 이런 피해가 생기지 않도록, 원전의 위험성을 사람들에게 알려야 해. 편리하다고 해서 함부로 만들고 쓰면 안 된다는 걸 말이야. 시간이 걸리고 조금 더디더라도 자연을 아프게 하지 않는 방법을 써야 한다고. 나는 그 일을 위해서 카메라를 든 거야. 지금도 전 세계에 많은 원자력 발전소들이 있어. 후쿠시마 원전 사고 같은 일이 어디서 또 일어날지 몰라. 이 땅이 회복되려면 셀 수 없을 만큼 오랜 시간이 걸릴 거야. 다시 이런 일이 일어나게 두어서는 안 돼. 더는…."

고미는 눈물을 닦으며 말했어요.

"그래요, 캡틴. 맞아요. 다시는 이런 일이 일어나지 않아야 해요. 그래야만 해요. 그럼 지금 있는 발전소들은 어떻게 해야 하죠?"

"이미 만들어 놓은 발전소는 영구 폐쇄하는 게 사고 위험을 줄일 수 있는 유일한 방법이야. 그리고 새로운 발전소를 만들어선 안 돼."

고미는 고개를 끄덕였어요. 피해를 막는 것이 지금으로서는 최선의 방법이라는 생각이 들었어요. 시간을 돌릴 수 없다면 말이에요.

후쿠시마 바다 앞에 머물렀던 초록 배는 다시 앞으로 나아가기 시작했습니다.

핵 확산 방지를 위한 국제 원자력 기구

원자력은 발전을 위해 쓰이기도 하지만 핵무기를 만드는 데도 쓰여요.
국제 원자력 기구(IAEA, International Atomic Energy Agency)는 원자력을 군사적인 목적으로 이용하는 것을 막기 위해 1957년 7월에 설립됐어요.
국제 원자력 기구는 전 세계에 원자력을 평화적으로 이용하길 권하고 세계적으로 원자력에 관한 과학적, 기술적인 정보 교환이 이루어지게 하며 핵이 군사 목적으로 사용되지 않도록 여러 조치를 하고 있어요.
2012년 현재 154개국이 회원국으로 가입돼 있는데 우리나라는 1956년에 가입했어요.
국제 원자력 기구는 핵무기 확산을 방지하고 평화적 이용에 공헌한 공로로 사무총장 모하메드 엘바라데이와 함께 2005년에 노벨 평화상을 수상했답니다.

뱃머리에 선 고미는 무언가 결심한 듯 단단하게 서서 먼바다를 바라보았어요. 고미는 지금 무슨 생각을 하고 있을까요?

캡틴이 전해 주는 환경 이야기

'원자력'이라는 문제에 정답이 있다면?

환경 단체들은 후쿠시마가 우리에게 주는 명확한 교훈이 있다고 말해요. 그것은 바로 '탈핵'이에요. '탈핵'하지 않으면 대형 원전 사고는 당장 내일이라도 일어날 수 있다는 것이죠. 그래서 새롭게 원자력 발전소를 설치하려는 계획은 중단하고, 현재 사용하고 있는 원자력 발전소는 단계적으로 폐쇄해야 한다고 말합니다.

원전이 문을 닫으면 전력이 부족해질 거라는 일부 우려의 시선도 있어요. 따라서 '탈핵'과 더불어 자연을 파괴하지 않는, 재생 가능한 에너지 생산을 확대하고 시스템을 만들어가는 일이 중요해요. 재생 가능한 친환경에너지의 사용이 활발해지면, 원자력 발전의 비중은 점점 더 줄어들 거예요.

한국에서 후쿠시마와 같은 대형 원전 사고가 일어난다면?

고미의 질문

한국에는 23기의 원전이 있어요. 좁은 지역에 많은 원전이 세워져 있어, 원전 밀집도는 세계 4위지요.

이런 한국에서 원전 사고가 난다면 어떻게 될까요? 한국에서 사고가 난다면 체르노빌, 후쿠시마는 비교도 안 될 큰 사고로 이어질 가능성이 커요. 부산 인근 고리원전에서 사고가 났다고 가정해 볼 때, 원전 30km 인근에 사는 주민 343만 명이 피난을 떠나야 해요(후쿠시마 사고로 피난을 떠난 원전 인근 30km 주민은 30만 명이 채 되지 않습니다.).

대한민국 제2의 도시일 뿐만 아니라 경제 도시인 부산에서 사고가 나면 IMF와는 비교가 안 될 정도로 막대한 피해가 날 수 있어요. 후쿠시마 급의 대형 원전 사고가 부산 인근 고리원전이나, 광주 인근 한빛원전, 경주 인근 월성원전, 한울원전에서 일어난다면 한국은 엄청난 피해를 입게 될 거예요.

원전보다 안전이 중요해요

 뱃머리에 서 있던 고미는 갑판으로 내려와 앉았어요. 캡틴은 후쿠시마에서 찍은 영상을 다시 보며 작은 한숨을 내뱉었어요.
 고미는 캡틴의 축 처진 어깨를 툭 치며 말했습니다.
 "캡틴, 캡틴이 말했죠? 우리가 해야 할 일이 많다고요. 그래서 곰곰이 생각해 봤어요. 생각해 보니까 원전만 위험한 게 아닌 것 같아요. 지금 사람들은 지구를 아프게 하는 일들을 너무 많이 하고 있어요. 원자력뿐 아니라 석탄 같은 에너지도 온실가스를 배출해서 지구 온난화를 더 빠르게 진행시킨다고 하셨잖아요. 지구를 아프게 하는 에너지는 앞으로 사용하지 않는 거, 그게 중요한 것 같아요. 지구에게 해로운 것을 알면서도 에너지를 사용하는 일을 그만하지 않으면 지금보다 더 고통스러운 일들이 일어날 거예요. 틀림없이 말이에요."

"그래, 고미야. 네 말이 맞아. 지금처럼 무지막지하게 써 버린다면 아무것도 남지 않겠지. 이렇게 아름다운 땅에 동물도, 사람도, 아무도 살아남지 못하고 지구는 생명을 잃어버린 땅이 되고 말 거야. 완전한 멸종이 일어나게 되는 거지."

고미는 고개를 들어 하늘을 올려다보았어요. 파랗게 반짝이는 하늘은 오늘도 여전히 아름다웠어요. 고미는 평화롭게 둥실둥실 구름이 떠가는 하늘이 위기에 놓인 지구를, 자연을 돌려놓기를 기다리고 있다는 생각이 들었어요. 지구를 실망시키는 일이 더는 없어야 한다고 생각했지요.

"캡틴! 지구를 아프게 하지 않으면서 쓸 수 있는 에너지가 있을까요?"

"응. 그런 에너지를 닳지 않고 계속해서 쓸 수 있다고 해서 재생 가능 에너지라고 불러. 재생 가능 에너지는 자연에서 얻을 수 있는 친환경 에너지란다."

고미는 무릎을 탁! 쳤어요.

"그런 게 있었어요? 그런데 왜 사람들은 지구를 지킬 수 있는 이런 에너지를

재생 가능 에너지란?

재생 가능 에너지는 말 그대로 재생이 가능한 에너지를 말합니다. 재생 가능 에너지 중 가장 큰 부분을 차지하는 것은 태양 에너지이고, 그 밖에도 풍력, 수력, 생물자원, 지열, 조력, 파도 에너지 등이 있습니다. 현재 쓰고 있는 재생 가능 에너지의 대부분은 태양으로부터 온 것입니다. 재생 가능 에너지 중에서 태양 에너지와 연관이 먼 것은 조력과 지열인데, 조력은 달의 중력에 의해 발생하고, 지열은 땅속 마그마와 방사능으로 인해서 생기는 에너지랍니다.

우리가 하루에 사용할 수 있는 재생 가능 에너지의 양은 하루 동안 지구로 들어오는 태양 에너지의 양을 넘지 못하기 때문에 우리가 무한한 에너지를 얻을 수 있는 것은 아닙니다. 그러나 재생에너지가 기술력을 갖추게 된다면 기후 변화 문제나 다양한 환경 문제를 해결할 수 있게 될 거예요.

쓰지 않고, 위험한 에너지를 쓰는 거죠?"

"재생 가능 에너지는 처음에 설치하는 비용이 많이 들기도 하고, 빨리 많은 양의 에너지를 만들 수 없기 때문이야. 또 자연이 주는 에너지이기 때문에 변화에 영향을 많이 받아서 매일 일정한 에너지를 만들 수 없지. 그래서 빨리 많은 양의 에너지를 얻을 수 있는 석탄이나 원자력 같은 에너지를 썼던 거야. 큰 위험을 감수하면서도 말이야."

"빨리, 많이… 그런 친환경 에너지를 만들 수는 없을까요?"

"그래서 요즘엔 친환경 에너지와 IT 기술을 접목하는 신재생에너지를 연구하고 있다고 해. 착한 에너지를 건강하게 쓸 수 있다면 얼마나 좋을까? 고미야, 나는 그날이 너무 기다려져."

"네. 그런 날이 빨리 오면 좋겠어요. 하지만 지금 당장은 어떻게 해요? 에너지는 계속 쓸 수밖에 없잖아요. 에너지도 절약해서 쓰고 재생 가능 에너지를 쓰면 지금보다 훨씬 좋아질 것 같은데. 아니, 적어도 지금보다 나빠지지 않겠죠. 그렇죠, 캡틴?"

캡틴은 고미의 눈을 바라봤어요. 마냥 아이 같던 고미가 훌쩍 자랐다는 생각이 들었지요. 캡틴은 고미에게 말했어요.

"고미야, 네 말처럼 에너지를 많이 쓸 수밖에 없는 회사에서 에너지를 절약하고, 재생 가능 에너지를 사용하는 게 정말 큰 도움이 된단다. 우리는 이제 한국에 갈 거야. 한국에서 우리는 기업을 향해 평화 시위를 하려고 해. 석탄과 원자력으로 에너지를 얻어 쓰는 기업에 재생 가능 에너지를 사용해 달라고 설득하는 시위란다. 네 도움이 필요할 것 같은데. 어때, 함께하겠니?"

"두말하면 잔소리죠! 뭐든 할게요!"

고미는 큰 목소리로 말했어요. 그 소리에 깜짝 놀란 캡틴은 한바탕 웃음을 터트렸습니다.

고미는 지구를 지키는 일에 자신이 함께 할 수 있음이 감사했어요. 어떤 일이든 도움이 될 수 있다면 기꺼이 하겠다고 말했습니다.

고미는 '나를 지켜주세요!'라고 써진 피켓을 들었고 캡틴은 카메라를 들었어요. 함께한 사람들 또한 '새로운 도전이 기후변화를 이끈다!', '재생 에너지를 사용해요!' 같은 저마다의 외침을 썼어요. 그리고 회사 입구에 섰습니다. 사람들에게 방해가 되지 않게, 그러나 사람들이 가장 잘 볼 수 있는 자리에 서서 고미와 사람들은 소리 없이 시위했어요.

소리 없는 조용한 피켓 시위였지만 점점 사람들이 모이기 시작했습니다. 캡틴 말고도 어디선가 카메라를 든 사람들이 와서 고미의 사진을 찍기도 하고, 고미에게 힘내라며 파이팅을 외치기도 했어요. 고미에게 차가운 아이스크림을 건네주는 사람도 있었지요.

"고미야, 이런 우리의 행동들이 자연을 생각하지 않는 사람들의

마음을 움직이게 할 수 있어. 같은 뜻을 가진 사람들이 더 많이 모이면 그 힘은 더 커진단다."

고미는 캡틴이 하는 말을 이해했어요. 자연을 지키려는 사람들이 많아질수록 자연을 함부로 대하는 사람들의 마음을 부끄럽게 만든다는 것을 말이에요.

이러한 시위와 활동을 통해서 100% 친환경 에너지만을 사용하기로 약속한 기업들이 있다는 이야기를 들으며 고미는 희망이 있다는 생각을 했어요. 그리고 이러한 희망의 불씨가 계속해서 이어지기를 기도했습니다. 고미는 피켓을 들고 서 있는 내내 마음속으로 외쳤어요.

'건강한 에너지를 써야 해요. 그게 우리 모두 안전하게 사는 방법이에요! 우리를 위한 일이라고요!'

어느새 고미와 사람들의 주변엔 또 다른 사람들이 모여들었어요. 피켓을 든 북극곰 고미를 보러 온 사람들도 많았지만, 시위에 함께하기 위해 온 사람들도 있었지요. 고미는 사람들이 모여 손을 잡고 서 있으니 참 든든하다는 생각이 들었어요.

고미는 더욱 씩씩한 모습으로 다리에 힘을 주고 섰어요. 녹지 않는 빙하 위에서 아빠와 엄마, 친구들이 함께하는 모습을 상상하면서요.

모두를 주목시키는 화려한 방법은 아니었지만 고미와 캡틴이 함께한 환경 시위는 사람들에게 많은 관심을 받았어요. 피켓을 들고 회사 앞에 선 고미의 얼굴이 신문에 실렸기 때문이죠.

고미의 기사로 인해 그날의 시위는 많은 사람에게 알려지게 되었습니다.

"고미야! 좋은 소식이야. 사람들이 적극적으로 관심을 표현하기 시작했어. 이게 인터넷에 올라온 기사야. 기사 밑에 댓글을 읽어 줄게."

고미는 캡틴이 읽어 주는 댓글의 내용을 들으며 웃음이 나기도 하고 가슴이 뭉클해지기도 했어요.

'우리도 마음을 보탭시다. 지구야 미안해!'

'기업들은 착한 에너지를 사용해주세요!'

'북극곰도 지구를 지키기 위해서 저렇게 노력하는데 더 늦기 전에 우리도 함께해요. 이제 지구를 아프게 하지 말아요. 기업들은 재생 에너지를 사용하고, 우리는 에너지를 절약합시다!'

댓글은 천 개가 넘도록 이어지고 있었어요. 캡틴이 댓글을 읽고 있는 그 순간에도 말이에요. 마음은 각기 다른 모양으로 모이고 있었어요. 쉽지 않겠지만 이렇게 한 발 한 발 나아가다 보면 꿈은 현실이 될 것이 분명했어요. 캡틴과 고미는 모든 기업이 지구를 살리는 에너지를 사용하는 날을 상상했습니다.

캡틴이 전해 주는 환경 이야기

우리가 지키는 1.5도, 우리를 지켜 주는 1.5도

'1.5도'는 21세기 말까지 산업화 이전 대비 지구 온도가 1.5도 이상 뜨거워지지 않게 노력하자는 파리기후협정에서 한 약속을 말해요.

2016년을 기준으로 지구 평균 온도는 약 1.1도 상승했어요. 지금처럼 지구 온도가 계속 상승한다면 해수면이 상승하고, 태풍, 가뭄, 홍수 같은 이상 기후가 더욱 자주 일어날 거예요. 앞으로 인류가 지구에서 안전하게 살기 위해서는 지구의 평균 온도가 더 이상 상승하지 않도록 지켜내야 하죠.

한국의 기후변화 대응책(온실가스 감축)은 국제 사회를 기준으로 보았을 때 '기후 악당' 수준의 매우 소극적인 수치예요. 만일 모든 국가가 한국과 같은 수준으로 목표를 세운다면, 전 세계의 기온은 1.5도를 넘어서 3~4도까지 오를 것이라고 전문가들은 지적했습니다. 한국 정부가 재생 가능 에너지 확대 정책과 선진국 수준에 맞는 온실가스 감축 목표를 발표해 기후변화를 막는 데 앞장설 수 있도록 시민들의 지속적인 요청과 관심이 필요합니다.

고미의 질문

에너지 전환을 위해 우리가 할 수 있는 일이 있을까요?

2006년 서울의 당산초등학교 5학년 친구들은 '자전거 길 만들기 대작전' 프로젝트를 했어요. 당산초등학교에서는 안전 문제로 자전거 등교를 금지하고 있었지요. 그 당시 5학년 2반 친구들은 온실가스 발생을 줄일 수 있는 자전거를 어떻게 하면 안전하게 탈 수 있을까를 의논했어요. 의논 끝에 찾은 답은 자전거 도로를 만드는 것이었고 반 친구들은 돌아가며 서울시 홈페이지에 '자전거 길을 만들어 달라'는 글을 남기기 시작했습니다. 그 결과 마침내 당산초등학교 앞길에 자전거 도로가 생기게 되었지요.

==우리는 지구를 위한 대책을 요구할 수 있습니다. 등, 하교를 할 때 자동차 대신 자전거를 선택한 것처럼 말이에요. 환경 단체에서의 캠페인 활동 소식에 귀를 기울이고, 환경을 지킬 방법을 고민해 보세요. 환경을 지킬 멋진 생각을 사람들과 공유해 보는 건 어떨까요?==

남극에 간 북극곰

"고미야, 이제 떠날 준비를 해야 해. 우리 탐험의 마지막 여행지는 남극이란다."

캡틴의 말에 고미는 화들짝 놀랐어요.

"남극? 남극이요? 세상에! 제가 남극에 간다고요?"

고미가 깜짝 놀랄 만도 했어요. 북극에 사는 북극곰이 남극에 간다니. 고미는 남극에 간 북극곰 이야기를 한 번도 들은 적이 없었어요. 고미는 자신이 남극에 간 북극곰 1호가 될 수도 있겠다는 생각에 들떠서 기분이 하늘로 붕 떴다가 금세 가라앉았어요.

"캡틴, 남극도 북극처럼 살기 힘든 상황인가요?"

고미의 미간이 찌푸려졌어요. 캡틴은 찌푸려진 고미의 눈가를 매만지며 말했어요.

"그래, 고미야. 남극의 상황도 좋지 않아. 우리가 이번에 남극에 가는 이유는 남극해 탐사 전에 남극을 보기 위해서야. 모든 자연이 꼭 지켜져야 하지만 남극은 그 의미가 더 크단다. 처음 만들어졌던 모습을 간직하고 있기 때문이지."

고미는 다시 초록 배에 올랐어요. 초록 배를 타고 간 모든 곳이 한 번도 밟아본 적 없는 땅이었지만, 남극에 간다니 정말 이상한 기분이 들었어요. 기대되는 마음이 미안해지기도 했습니다.

> ### 남극에는 보물이 숨어 있어요
>
> 혹독한 기후와 환경에도 불구하고 남극에는 지구 그 어느 곳에서도 볼 수 없는 독특하고 다양한 생명체들이 살아가고 있어요. 연안해역과 남극해에는 아주 작은 미생물부터 거대한 고래까지 약 15,500종의 다양한 해양 생물들이 살고 있지요.
> 얼음 아래 깊은 바닷속 해양 생물에 대해서는 아직도 모르는 게 많아요. 남극 연구 탐사진들은 거의 매일 이름도 지어지지 않은 새로운 종을 발견하고 있습니다. 남극은 지구에 마지막으로 남은 자연의 보물창고임이 틀림없어요.

초록 배는 쉬지 않고 계속 달렸어요.

드디어 고미는 마지막 지구 여행지, 남극에 도착했습니다.

"고미야, 여기가 바로 남극이야. 북극보다 훨씬 춥지?"

고미는 배에서 내리면서 몸을 부르르 떨었어요.

"안 그래도 북극보다 더 추운 것 같다고 얘기하려고 했는데! 헤헤."

고미는 두리번거리며 주변을 둘러보았어요. 남극은 하얗고 푸른 땅이 끝도 없이 펼쳐져 있었어요.

"어? 캡틴, 저기 저쪽에 까맣고 작은 동물들이 보여요!"

"그러네. 아델리펭귄 무리가 저기 있구나. 가까이 가 보자."

고미와 캡틴은 아델리펭귄 무리가 있는 곳으로 가까이 다가갔어요. 펭귄들은 고미를 보고 도망치려는 듯하다가 처음 보는 동물이 신기한지 가까이 다가오기 시작했어요.

"너는 누구야?"

"나는 북극곰이야."

"북극곰? 그럼 북극에서 왔단 말이야?"

펭귄들이 고미의 주변을 둘러쌌어요. 펭귄들은 처음 보는 북극곰이 신기한지 이리저리 몸을 갸우뚱거리며 고미를 쳐다보았어요.

캡틴은 팔을 크게 벌려 펭귄들을 안아 주었어요. 펭귄들은 캡틴의 품에 몸을 기댔어요. 호기심에 반짝이던 펭귄들의 눈은 금세 슬퍼졌어요. 펭귄의 눈을 보고, 고미는 무슨 일이 있었던 건지 궁금했지만, 슬픈 이야기인 것 같아 묻지 못했습니다.

고미의 눈빛을 읽었는지 펭귄이 이야기를 시작했어요.

"북극곰아, 아델리펭귄은 남극에 아주 많아. 한 4만 마리쯤 되거든. 그런데 최근에 낳은 알들은 제대로 부화하지 못했어. 가까스로 알에서 깨어나도 목숨을 지키지 못한 아가들이 많아. 이번에 알에서 깨어난 아가 중에 살아남은 펭귄은 2마리뿐이야…."

펭귄의 표정은 절망적이었지만 그러한 상황을 받아들인 듯 담담해 보이기도 했어요. 오히려 놀라고 당황한 것은 고미였어요.

"왜, 왜 그렇게 많은 아기 펭귄이 죽게 된 거예요?"

고미의 목소리가 떨려왔어요.

"아기들 먹일 먹이를 구하기 위해서 예전보다 100km는 더 먼바다로 나가야만 했어. 멀리 가니까 늦게 돌아오게 됐지. 그런데 돌아와 보니 우리 아기들은 이미 굶어서 죽은 뒤였어. 살아남은 두 마리의 아기 펭귄들도 쓰러져 있었지. 어쩌면 두 마리라도 살아남은 게 기적이었는지 몰라."

펭귄은 캡틴의 다리를 꼭 붙잡았어요. 다리를 붙잡는 힘만큼 슬퍼하는 것 같아 캡틴은 마음이 아팠어요.

"내 아기는 나 같은 수컷이었어. 나중에 짝짓기할 때가 오면 암컷

의 마음에 쏙 들 만큼 예쁜 조약돌이 어디에 있는지 알려 주려고 했지. 프러포즈 멋지게 하라고 말이야. 그 귀여운 모습을 꼭 보고 싶었는데…."

캡틴은 아무 말도 하지 않고, 펭귄을 다시 안아 주었어요. 고미도 작은 펭귄들을 하나하나 위로하며 안아 주었지요.

한참 동안 고개를 숙이고 발끝만 보던 펭귄이 애써 미소를 지어 보이며, 캡틴을 향해 말했어요.

"이제 여쭤봐서 죄송한데 저 보러 오신 거예요? 이 먼 곳까지 북극곰을 데리고요?"

캡틴은 고미와 펭귄을 번갈아 바라보았어요.

"응. 우리는 지구 여행을 하는 중이야. 곧 남극해 탐사를 위해서 사람들이 올 거야. 우린 그 전에 남극을 둘러보러 왔어. 남극은 우리의 마지막 여행지야."

펭귄의 눈이 동그래졌어요.

"정말 특별한 여행이네요. 그 덕분에

남극의 5대 펭귄에 대해 알고 있나요?

1. 아델리펭귄

최대 70cm 이상 자라지 않는 작고 귀여운 아델리펭귄은 땅 위에서 뒤뚱거리며 걸을 땐 조금 어리숙해 보여도 물속에선 총알같이 크릴새우를 잡아들여요. 아델리펭귄은 유일하게 남극에서만 서식하며 남극 연안에서 겨울을 보냅니다. 조약돌은 아델리펭귄에게는 아주 중요해요. 아델리펭귄은 조약돌로 집도 짓고 마음에 드는 짝에게 선물로 주기도 한답니다.

2. 황제펭귄

살아 있는 펭귄 중 가장 큰 몸집을 자랑하는 황제펭귄은 최대 1.3m까지 자라고, 몸무게는 최대 40kg에 달합니다. 게다가 가장 깊은 수심까지 수영하는 펭귄이기도 해서 얼음장 같은 남극 물속을 최대 550m까지 다이빙해 생선과 오징어 등을 잡아먹죠. 암컷 펭귄들이 먹이를 사냥하러 나간 동안 집에 머무르는 수컷 펭귄들은 알과 방금 부화한 새끼들을 따뜻하게 유지하기 위해 거대한 무리를 이뤄요.

3. 턱끈펭귄

머리 위에 헬멧을 쓰고 있는 것만 같은 펭귄입니다. 턱을 가로지르는 검은색의 얇은 띠 무늬가 있어 턱끈펭귄이라는 이름이 붙었어요. 일부일처제인 턱끈펭귄은 매년 같은 짝과 함께 번식지로 돌아가요. 그리고 새끼들을 안전하게 보호하기 위해서 높은 암석 바위 위에 머물죠. 위험천만한 바위 절벽을 탐색하고, 남극해의 폭풍우를 견뎌내야 비로소 새끼들을 지켜낼 수 있어요. 정말 헬멧이 필요하겠죠?

4. 마카로니펭귄

일부일처제인 마카로니펭귄은 볏이 있는 펭귄 중에서는 가장 남쪽에 살아요. 금발 볏이 매력인 마카로니펭귄은 남극해 밖으로 벗어나지 않으며 남극 반도와 그 주변 섬들에 서식해요.

5. 젠투펭귄

눈 위에서 머리까지 연결된 삼각형 모양의 흰색 띠 덕분에 구분하기 매우 쉬워요. 쭉 삐져나온 붓 모양의 꼬리도 갖고 있죠. 물고기, 크릴, 작은 오징어를 좋아하고 최대 시속 36km로 빠르게 수영해요. 몸길이는 75cm로 아담하지만 아주 큰 울음소리를 낼 수 있고 하루에도 몇백 번의 다이빙을 할 수 있어요.

북극곰이 남극에도 오고요. 이 아름다운 남극에서 좋은 이야기만 할 수 있다면 좋을 텐데…. 그런데 남극해 탐사를 하러 사람들이 온다고요?"

"응. 우리는 남극 웨델해를 해양보존구역으로 만들려고 해. 그렇게 되면 바다의 중요한 해역을 보호하고 지킬 수 있거든. 남극해 탐사는 해양보존구역을 만드는 데 큰 힘이 될 거야. 남극 바다를 지켜야만 하는 이유가 분명히 드러날 테니까 말이야."

"사실 얼마 전에도 커다란 배가 왔었어요. 그 배는 크릴새우를 잡아가는 배라고 했어요. 안 그래도 사냥하기 힘든데 우리 먹이를 잡아가니까 정말 화가 났었죠. 보호구역이 되면 여기에 나쁜 사람들은 못 오는 거죠?"

캡틴은 고개를 끄덕였어요.

"맞아. 해양보존구역 안에서는 다 자라지 못한 어린 물고기들이 보호받을 수 있어. 그래서 구역 안의 물고기는 더 오래 살고 크게 자랄 수 있지. 그렇게 되기 위해서 전 세계가 함께 노력할 거야. 펭귄아, 그러니까 남극에 사는 다른 친구들도 희망을 잃지 말라고 전해 줘. 알겠지?"

이야기하는 캡틴도, 그걸 듣고 있는 펭귄과 고미도 표정이 밝아졌어요.

"네! 꼭 그럴게요. 그리고 사람들이 오면 제가 도울 수 있는 것을 도울게요. 그게 남극을 위하는 길이니까요!"

펭귄은 들떠 보였어요. 캡틴이 들고 있는 카메라에 얼굴을 가까이 대고 장난을 치기도 했지요. 펭귄의 밝은 표정을 보자, 고미는 남극에 회복의 물결이 일어나고 있는 것처럼 느껴졌습니다. 고미는 남극 땅 이곳저곳을 둘러보았어요. 북극과 비슷하지만 고미의 눈에는 북극과 남극의 다른 모습들이 들어왔어요. 찬찬히 둘러보던 고미는 가만히 한 자리에 멈춰 섰어요. 남극 한가운데 서 있는 자신이 정

꼭! 필요한 크릴새우

갑각류 중에서 몸집이 작은 편인 크릴새우의 몸길이는 1~2cm에 불과하지만 개체 수가 많아 해양 먹이 사슬에 아주 중요한 역할을 합니다. 그들은 바다에 무한히 사는 미세한 식물 플랑크톤을 먹으며 엄청나게 번식해서 고래에서부터 바다표범, 펭귄, 오징어 등 바다의 온갖 물고기들의 기본 식량이 되고 있어요.

그중에서도 남극크릴의 생물량은 지상에 사는 동물 전체 생물량의 3분의 1을 차지해요. 엄청난 양의 크릴이 살면서 상하로 이동하기 때문에 남태평양의 바닷물은 아래위로 고르게 휘저어지고 있지요. 크릴 무리 덕분에 다른 해양 동물이 살기 좋도록 영양분과 산소가 고르게 분산되고 있는 거예요. 크릴의 또 다른 특별함은 대기 중의 이산화탄소를 물속으로 끌어들인다는 것입니다. 식물플랑크톤이 광합성을 하면서 이산화탄소를 흡수하고 크릴은 식물플랑크톤을 먹음으로써 대기 중의 이산화탄소량을 간접적으로 줄여 주고 있는 것이죠. 이상기후 현상으로 남극대륙의 빙하가 대규모로 녹아내림에 따라 남극대륙 주변의 바다 환경과 생태계에 변화가 생기고 있어요. 그렇기 때문에 국제환경보호단체는 남극바다에서의 크릴 조업을 더욱 제한하도록 요구하고 있답니다.

말 작게 느껴졌어요.

 북극을 시작으로 고통받는 지구의 모습을 계속 지켜본 고미는 그들의 곁에 서서 함께 아파하고, 분노하고, 위로하는 날들을 보냈습니다. 지난 긴 여행이 짧은 시간 동안 고미의 머릿속을 스쳐 지나갔어요. 각기 다른 상황에서도 희망의 불씨는 살아 있었고, 사람들은 더 늦기 전에 그 불씨를 살려내려 노력하고 있었어요. 고미는 남극에서도 그 희망을 볼 수 있어 감사하다는 생각이 들었습니다.

 "캡틴, 사실 시간이 지날수록 저는 너무 절망적이었어요. 땅과 하늘, 숲과 바다가 너무 고통받고 있었고, 그 안에 사는 우리도 마찬가지였으니까요. 그런데 지금은 나아질 수 있을 거라는 믿음이 생겼어요."

 고미는 캡틴과 펭귄을 보며 활짝 웃었어요. 캡틴은 그런 고미를 다시 따스하게 안아 주었습니다.

 "그래, 고미야. 너와 함께 지구의 모습을 촬영할 수 있어서 아주 의미 있는 시간이었어. 네가 있어서 동물들의 마음을 더 잘 이해할 수 있었고, 사람들에게도 효과적으로 지구의 현재 모습을 전할 수 있을 것 같아. 시간이 오래 걸리겠지만 지구를 살리는 일에 힘을 보태자."

 "그럼요. 당연하죠! 저도 북극에 돌아가서 친구들에게 제가 보고 느낀 것을 나누고, 지구를 위해서 할 수 있는 일을 찾아볼게요!"

고미와 캡틴 그리고 펭귄은 서로를 마주 보았어요. 남극의 중심에 선 친구들의 얼굴 위로 따스한 햇볕이 내려앉았어요. 다 좋아질 거라고, 괜찮아질 거라고 말하는 지구의 선물을 받은 세 친구는 기분 좋게 웃었습니다.

캡틴이 전해 주는 환경 이야기

남극이 해양보존구역이 된다면…

남극해는 어획을 금지하는 해양보존구역(Marine Reserves) 지정을 통해 보호할 수 있어요. 해양보존구역은 국립공원과 비슷한 개념이에요. 육상에서 국립공원을 지정하여 보호하듯이, 해양보존구역을 설정하여 바다에서도 중요한 해역을 지키는 것이죠.

해양보존구역을 만들면, 그 해역에서는 어업이나 광물의 채굴, 폐기물 투기 등을 포함한 활동, 즉 자연을 파괴하는 활동을 금지할 수 있어요. 해양보존구역을 지정할 때도 세심한 계획이 필요해요. 생물들이 주로 살고 있는 곳뿐 아니라 동물들이 새끼나 알을 낳는 장소를 포함하도록 계획을 세워야 하죠. 먼 거리를 오가는 이동성 어종을 보호하는 것도 중요해요.

해양보존구역은 성어 및 치어에게는 피난처를 제공해 주고, 물에 떠다니는 아주 작은 생물들에게도 보호 공간을 제공해 줄 거예요. 해양보존구역 안의 물고기는 더 오래 살고, 더 크게 자라서 남극에 사는 생물의 수는 자연히 점점 많아질 거예요.

바다의 지킴이가 되어 주세요!

플라스틱은 잘게 부서진 채로 해류를 타고 지구 곳곳을 이동하고 있어요. 그래서 남극의 펭귄 마을에서도 플라스틱이 발견돼요.

아주 잘게 부서진 플라스틱을 미세플라스틱이라고 하는데 미세플라스틱은 바닷속에 사는 생물들에게는 아주 치명적이에요. 바다 생물들은 미세플라스틱을 매일 먹을 수밖에 없고, 미세플라스틱이 가득한 곳에 살 수밖에 없거든요. 미세플라스틱에 노출된 어린 치어와 동물 플랑크톤을 먹은 물고기들도 당연히 미세플라스틱에 노출되지요.

미세플라스틱과 화학물질, 인간들의 상업적 어업 그리고 기후 변화에 따른 수온 상승으로 남극은 하루가 다르게 파괴되고 있어요. 고래와 펭귄 등 해양 생물은 이미 오래전부터 문제가 심각하다는 신호를 보내왔어요. 남극의 훼손은 단지 일부 국가에만 영향을 미치지 않고, 지구 전체를 위협할 수 있는 큰 문제예요.

플라스틱 사용을 줄이고, 환경 보호에 적극적으로 참여한다면 우리도 바다의 지킴이가 될 수 있어요.

고미, 환경 영화제에 가다

고미는 한국에서 온 편지 한 통을 받았어요. 편지의 겉봉투에는 〈한국에서 온 초대장〉이라는 문구가 적혀 있었어요.

'한국에서? 날 초대한다고?'

고미는 궁금해서 얼른 편지 봉투를 열었어요. 캡틴에게서 온 편지였어요. 고미는 반가운 마음에 함박웃음을 지었어요.

고미는 캡틴과 함께 떠났던 지구 여행을 잊을 수 없었어요. 그래서 캡틴의 이름을 보자 가슴이 두근거렸습니다. 캡틴이 보낸 편지 안에는 서울 환경 영화제 초대장이 들어 있었어요.

> to. 고미
>
> 고미야, 안녕! 북극에서 잘 지내고 있지?
> 우리가 함께했던 지구 여행이
> 다큐멘터리 영화로 만들어졌어.
> 한국으로 보러 오지 않을래?
>
> from. 캡틴

여행이 어떤 영화로 만들어졌는지 궁금해진 고미는 캡틴이 보내준 초대장을 가지고 다시 긴 여행을 떠나기로 결심했습니다.

고미가 탄 비행기는 긴 시간을 날아 한국에 도착했어요. 고미의 두 번째 방문을 반기는 듯 가는 길마다 나무들이 푸른 잎을 흔들어 주었어요. 고미는 신나는 발걸음을 옮기며 영화제가 열리는 극장에 도착했습니다.

고미는 멀리서 자신을 기다리고 있는 캡틴을 보았어요.

"캡틴! 고미 왔어요!"

고미는 반가운 마음에 앞발로 바닥을 쿵쿵 찧었어요. 그 소리가 너무 커서 캡틴이 단번에 고미를 알아보았어요. 캡틴은 빠른 걸음으로 고미에게 다가왔어요.

"고미야, 오랜만이다. 잘 지냈지? 시간 맞춰서 잘 왔어. 어디 보자. 고미 많이 컸구나. 이제 어른이네. 하하!"

오랜만에 만나는 고미와 캡틴은 반갑게 인사를 나누었어요. 캡틴은 예전처럼 고미의 등을 따스하게 쓸어 주었습니다. 고미는 그 손길이 너무 따뜻해서 기분이 좋아졌어요. 한국까지 오길 잘했다는 생각이 들었지요.

"캡틴, 초대해 주셔서 감사해요. 캡틴을 다시 만날 수 있게 돼서 너무 좋고, 우리의 여행이 영화가 되었다니 너무 궁금하고 기대돼요."

고미의 눈이 기대감으로 반짝거렸어요.

"우리 영화가 오늘 영화제의 첫 상영작이야. 제목은 〈지구의 오늘〉이고 주인공은 고미 너란다. 다큐멘터리 영화가 끝나면 영화를 가지고 이야기하는 시간이 있거든. 그때 고미 너도 함께했으면 하는데. 어때?"

"제가 주인공이라고요? 정말요? 제가요? 어떻게 이런 일이! 좋아요. 캡틴!"

고미는 캡틴의 말이 끝나기가 무섭게 대답했어요.

"하하. 모든 상황을 직접 본 영화 주인공이 하는 이야기니까 사람들 마음에 닿을 것 같아. 정말 좋은 시간이 될 거야."

고미는 캡틴을 따라 기분 좋게 발걸음을 옮겼어요. 영화관에는 이

것저것 신기한 게 너무 많았어요. 눈이 휘둥그레진 고미는 이리저리 고개를 돌려가며 구경했어요.

"우리 자리는 여기야."

캡틴이 가리킨 자리에는 '북극곰 고미'라는 글씨가 붙어 있었어요. 캡틴과 나란히 앉은 고미는 커다란 화면을 신기하게 쳐다봤어요. 얼

마 지나지 않아 극장 안의 조명이 꺼지고 화면이 밝아졌어요. 〈지구의 오늘〉이라는 제목이 화면에 커다랗게 떴고 어렸던 고미의 모습이 화면에 나오기 시작했습니다.

캡틴을 처음 만났을 때부터 남극의 펭귄들을 만났을 때까지 이어지는 이야기들은 다시 보아도 마음이 아팠어요. 계속 녹고 있는 빙하와 밀려드는 플라스틱 쓰레기들, 힘겹게 살아가는 동물들…. 고미의 머릿속에 그때의 충격이 다시 생생하게 살아났습니다.

영화의 마지막 장면에는 고미와 캡틴이 만났던 동물들의 눈빛이 담겨 있었어요. 고미는 절망과 희망이 함께 교차하는 동물들의 눈을 보며, 눈물을 닦았어요. 영화를 보는 사람들의 작은 훌쩍임도 들려왔지요. 사람들은 다큐멘터리가 끝난 후에도 자리에서 일어나지 않았어요. 관객과의 대화 시간이 시작될 때까지 사람들은 이미 꺼진 화면을 안타까운 표정으로 바라보고 있었습니다.

"자, 이제부터 관객과의 대화를 시작하겠습니다. 이 시간을 위해 특별한 손님을 모셨는데요. 〈지구의 오늘〉에 출연한 북극곰 고미, 나와 주세요."

사람들이 손뼉을 치기 시작했어요. 커다란 박수 소리에 고미는 잠시 당황했지만 격려해 주는 캡틴의 힘을 받아 씩씩하게 앞으로 나갔어요.

"안녕하세요. 저는 북극에서 온 북극곰 고미입니다. 초대해 주셔서 감사합니다."

고미는 자신을 바라보고 있는 관객들을 향해 고개를 꾸벅 숙여 인사했어요. 그리고 관객을 보고 앉았어요. 사람들은 사진을 찍기도 하고, 손을 들어 고미에게 질문을 하기도 했어요.

관객들은 다큐 속 이야기들을 고미도 겪었는지 궁금해했어요. 영상을 통해 보았지만 정말 고미도 저렇게 힘겹게 살고 있는지에 대해 알고 싶어 하는 것 같았어요.

"저는 몇 년 전에 다큐멘터리를 찍으러 북극에 온 캡틴 감독님을

만났어요. 그때 제대로 알게 됐죠. 점점 사냥이 힘들어지는 이유를 말이에요. 다큐멘터리를 보니 제가 사는 마을은 그래도 빙하가 조금 더 남아있는 것 같아요. 북극의 다른 마을보다는요. 하지만 북극 전체가 비슷한 상황이에요. 사냥하기는 힘들고…. 그래서 곰들이 말라가고 있어요. 북극에서 플라스틱을 보는 것도 흔한 일이 되어 버렸죠."

고미는 아빠를 따라 첫 사냥을 나갔던 이야기를 들려주었어요. 플라스틱을 먹다가 이에 끼어서 고생했던 이야기, 쉴 수 있는 두꺼운 얼음이 없어서 아빠 등에 업혀 마을까지 돌아왔던 이야기들을 말이에요.

"영화를 보셨으니 아실 거예요. 북극만 문제가 아니란 걸요. 부디 지구를 살리는 일에 함께해 주세요. 지구가 건강해야 그 안에 사는 우리 모두가 건강하고 행복하게 살 수 있어요. 지구를 지켜 주세요."

고미는 사람들에게 간절히 부탁을 하고 자리로 돌아왔어요. 아직도 눈에는 눈물이 그렁그렁 맺혀 있었어요. 사람들은 그런 고미의 마음을 알겠다는 듯 크게 손뼉을 쳐서 고미를 위로하기도 하고, 힘내라고 외쳐 주기도 했어요. 캡틴은 고미에게 고맙다고 말했어요.

조그마한 목소리라도 모두가 소리를 내면 커진다고, 점점 지구를 아끼고 지키려는 사람들이 많아질 거라고 캡틴은 고미와 여행할 때 했던 이야기를 다시 들려주었어요. 고미는 자신이 무언가 할 수 있음에 감사했어요. 고미의 부탁에 고개를 끄덕이던 사람들을 믿기로 했습니다.

고미의 이야기를 끝으로 〈지구의 오늘〉 관객과의 대화 시간은 끝이 났어요. 사회자는 10분 뒤에 다음 영화 〈흐르지 않는 4대강 이야기〉가 상영될 거라고 안내했습니다. 궁금증이 생긴 고미는 캡틴에게 물었어요.

"캡틴, 흐르지 않는 강이 있어요? 그럼 강이 아니잖아요."

고미의 질문에 캡틴은 4대강이 무엇인지 알려 주었어요. 4대강은 4개의 강을 말하는데, 나라에서 그 강들을 멈추게 했다고요.

나라가 왜 강을 멈추게 했을까? 흐르지 않는 강의 모습은 어떤 모습일까? 흐르지 않는데 강이 될 수 있을까? 고미는 흐르지 않는 강을 보러 가야겠다고 생각했어요. 무슨 일이 일어나고 있는지 알아야겠다고 말예요.

캡틴이 전해 주는 환경 이야기

아시아의 그린 리더 환경재단

환경재단은 문화적인 접근과 전문성을 통해 환경의 소중함을 알리는 우리나라 최초 환경 전문 공익 재단이랍니다. 국내, 아시아의 환경운동가와 운동단체들을 도왔으며, 환경 전문성을 바탕으로 누구나 일상 속에서 환경 문제를 가까이하고 변화할 수 있도록 다양한 프로그램을 펼치고 있지요. 가장 유명한 행사는 매년 5월 서울에서 열리는 서울국제환경영화제입니다. 그 외에도 어린이를 위한 환경 센터를 운영하고, 셀레브리티를 적극 활용한 대중적인 그린 캠페인을 진행한답니다.

'서울환경영화제'는 세계 3대 환경영화제이자 아시아 최고의 환경영화제, 국내 유일의 환경영화제로 당당히 자리매김하고 있어요. 환경이라는 주제는 모두가 공감하는 주요 문제가 되었지만, 여전히 어렵고 힘든 주제라고 느끼는 사람들이 많아요. 그래서 영화라는 콘텐츠를 통해서 환경과 인간에 대해 생각하고 미래를 바라보고자 시작되었답니다.

서울환경영화제는 영화를 통해서 우리 삶을 둘러싸고 있는 커다란 고리인 환경과 인간의 공존을 생각하는 축제입니다. 2004년 시작된 영화제는 매년 세계 각국 100여 편의 우수한 환경 영화를 발굴, 소개하고 있습니다.

사람과 자연의 조화를 꿈꾸는 세계자연기금
World Wide Fund for Nature

세계자연기금은 지구상의 다양한 생명체와 이들이 서식하는 아름다운 자연을 보전하는 것을 목표로 하고 있어요. 일상생활에서 발생하는 불필요한 소비를 줄이는 캠페인도 진행하고 있는데 가장 유명한 캠페인은 'Earth hour' 캠페인입니다.

'Earth hour' 캠페인은 지구에 한 시간이라도 휴식을 주기 위해 전등을 끄는 캠페인이에요. 지난 2007년 호주 시드니에서 처음 시작되었고, 1년에 1회, 1시간 동안 모든 불을 끄자는 운동이지요. 이 운동은 전력 소비를 줄이고, 자연을 보호하자는 취지로 진행되고 있어요.

매년 3월 마지막 주 토요일, 오후 8:30분부터 1시간 동안 불을 꺼요. 이 운동에 함께 참여해 보는 건 어떨까요?

4대강 이야기

고미는 서울에서 한참을 이동해 금강의 공주보에 도착했어요.

"흐르지 않는 강이라고 했는데 이게 무슨 소리지? 이건 분명 물 흐르는 소리인데!"

고미는 궁금한 마음에 강까지 단숨에 뛰어 내려왔어요.

강은 콸콸 소리를 내며 막힘없이 흐르고 있었어요. 흐르는 강물에 고미의 얼굴이 비쳤지요. 고미는 물살을 가르며 헤엄치는 물고기를 발견하고 말을 걸었어요.

"안녕? 뭐 좀 물어봐도 될까?"

고미의 말소리에 깜짝 놀란 물고기는 순식간에 고미의 반대편으로 달아났어요.

"미안. 갑자기 말 걸어서 놀랐지? 물어볼 게 있어. 가까이 와 줄래?

잡아먹으려는 거 아니야."

고미의 다정한 목소리에 물고기는 천천히 곁으로 다가왔어요.

"나는 북극에서 온 고미야. 금강을 찾아왔는데 내가 제대로 온 게 맞나 해서…."

"응. 여기는 금강 공주보야. 나는 여기에 사는 흰수마자고."

"흰수마자야, 4대강 사업을 하면서 금강을 막았다는 이야기를 들었는데. 내가 잘못 알았나 봐. 여긴 물살도 빠르고 물도 깨끗하네."

고미의 말에 흰수마자의 눈이 동그랗게 커졌어요.

"네가 4대강 사업을 어떻게 알아? 정말 다신 떠올리고 싶지 않아. 그때는…."

물살을 따라 자유롭게 헤엄치던 흰수마자는 부드럽게 움직이던 지느러미를 축 늘어뜨렸어요. 고미는 흰수마자의 심상치 않은 반응에 좋지 않은 일이 있었다는 것을 짐작할 수 있었어요.

"흰수마자야, 무슨 일이 있었는지 나에게 말해 줄래? 나는 금강의 이야기를 들으러 온 거야."

흰수마자의 눈이 금세 빨개졌어요. 흰수마자는 빨개진 눈을 숨기려는 듯 모래 속을 파고들다가 고개를 들어 이야기를 시작했습니다.

"4대강 사업으로 금강에 보가 만들어졌어. 보가 뭐냐면 저기 보이는 커다란 콘크리트 덩어리들이야. 보를 만드니까 강물이 갇혀서 흐르지 못했고, 고인 물은 점점 썩어갔어. 지독한 악취가 나고 물 색깔

이 초록색으로 변했지. 물속에서 숨을 쉴 수가 없었어. 셀 수 없을 만큼 많은 친구가 이 강에서 죽었어. 그리고….”

흰수마자는 입술을 삐쭉거렸어요. 눈물을 참고 있는 것처럼 보였습니다. 흰수마자는 마음을 가다듬고 다시 이야기를 이어갔어요.

“우리 부모님도 초록색 금강에서 돌아가셨어. 나는 엄마의 마지막 유언대로 고향을 떠나 다른 냇가로 갔어. 나라도 꼭 살아남아야 한다고 하셨지. 정말 죽기 살기로 헤엄쳤어. 너무 고통스러운 시간이었어.”

흰수마자는 그때를 생각하는 것만으로도 고통스러워 보였어요. 고미의 머릿속에도 그날의 모습이 생생하게 그려졌어요. 고인 물은 썩어 악취가 나고, 산소가 부족해 입만 빼끔거리며 둥둥 떠다니는 죽기 직전의 물고기들이 보이는 듯했지요.

고미는 눈을 들어 주변을 바라보았어요. 하지만 흰수마자의 이야기 속 처참한 모습의 강은 온데간데없었어요. 강바닥에 심긴 보와 수문만이 그날의 일들이 거짓이 아니었다는 걸 말해 주는 것 같았습니다.

“그런데 흰수마자야, 너는 어떻게 다시 돌아오게 됐어? 그리고 금강은 어떻게 다시 흐르게 된 거야?”

세차게 흐르는 물소리, 군데군데 쌓여 있는 고운 모래톱, 그리고 모래톱 위의 백로와 왜가리는 초록색 강의 모습을 지운 지 오래된 것 같았어요.

"지금의 금강은 아름다워. 하지만 이렇게 아름다운 금강의 모습을 다시 찾기까지는 아주 오랜 시간이 걸렸어. 닫혀 있던 수문이 열리기까지 많은 사람의 노력이 있었대."

고미의 눈이 반짝였어요.

"사람들의 노력?"

"응. 나도 금강을 떠나 있을 때라 왜가리한테 전해 들었어. 한꺼번에 많은 물고기가 죽었을 때 환경운동가들이 매일 배를 타고 강에 와서 물고기들을 꺼내 주었대. 그리고 그들이 금강을 되돌리기 위해서 끝까지 싸워줬대. 흐르지 못하고 고인 채로 시궁창처럼 변해 가는 금강의 모습을 사람들에게 알린 거야. 그래서 사람들이 4대강에서 일어나는 일들을 알게 됐고, 그 덕분에 강이 다시 흐를 수 있게 되었대."

고미는 자연을 힘들게 하는 것도 사람이지만 지켜낼 수 있는 것도 사람이라는 생각이 들었어요. 그리고 금강이 다시 제 모습을 찾을 수 있어서 다행이라고 생각했지요.

"참 신기해. 갇혀 있던 강물을 흐르게 두었을 뿐인데 이렇게 원래의 모습을 찾아가는 게 말이야. 영영 죽은 강으로 남을 것 같았던 강이 다시 살아났다는 게 기적 같아."

고미의 말에 흰수마자가 말했어요.

"맞아. 그런데 고미야, 4대강은 금강 말고도 3개의 강이 더 있대. 다른 강들은 금강만큼 상황이 좋진 않은 것 같아. 아직 수문을 열지 못한 곳이 많다더라고. 그곳을 생각하면 마음이 아파."

흰수마자는 다른 강들도 닫혀 있던 수문이 열리고 물이 흐를 수 있기를 기도한다고 했어요. 물이 흐르기만 해도 강은 회복될 수 있다는 걸 금강이 보여 줬으니 당연히 다른 강들도 제 모습을 찾을 거라 믿는다고 말했습니다. 고미는 잠깐 눈을 감고 앞발을 포갠 뒤 마음속으로 기도했어요. 하루라도 빨리 수문이 열리게 해 달라고 말이에요.

"고미야, 금강에는 나 말고도 떠났다가 다시 돌아온 친구들이 많이 있어. 아마 다시 돌아온 친구들도 금강을, 고향을 잊지 못해서 돌아왔을 거야. 저기 모래톱 위에 사는 왜가리를 만나 볼래? 왜가리는 하늘을 날아다니면서 본 게 더 많을 거야."

고미는 흰수마자의 말대로 왜가리를 만나고 돌아가기로 했어요. 모래톱 위에서 왔다 갔다 하며 길고 가느다란 발자국을 남겨 놓는 왜가리를 찾기 위해 강을 건너기 시작했습니다. 고미는 세차게 흐르는 물줄기에 잠시 휘청거렸지만 금세 중심을 잡고 나아갔어요. 흰수마자가 강물을 따라 수영하기를 좋아하는 이유를 알 것 같았어요. 부드럽게 몸을 감싸는 물살은 고미를 웃음 짓게 했습니다. 고미는 모래톱에 올라와 몸을 흔들어 털에 묻은 물기를 털었어요.

물기 있는 모래톱 위에는 작고 동그란 발자국부터 얇고 긴 새들의 발자국까지 여러 동물이 다녀간 흔적이 여기저기 찍혀 있었어요. 떠났던 동물들이 돌아오고 있다는 것, 그리고 물이 흐른다는 사실만으로도 강이 회복되고 있는 것을 느낄 수 있었어요.

왜가리가 먼저 고미 곁으로 다가왔어요.

"처음 보는 녀석인데? 너는 여기 사는 동물 아니지?"

왜가리에게 고미는 밝은 목소리로 말했어요.

"응! 나는 북극에서 온 고미야. 금강을 보러 왔어. 흰수마자와 이야기를 나누다가 너를 가까이서 보려고 강을 건너왔어."

왜가리는 고미의 말에 빙긋 웃었어요.

"금강 참 멋지지? 여기 원래는 더 멋진 곳이야. 지금은 십 분의 일도 제 모습을 못 찾았어. 금강의 금자가 비단 금 자거든. 비단처럼 곱고 아름답다고 붙여진 이름이랬어. 우리는 기다리고 있어. 강이 온전히 돌아오는 날을."

고미는 추억에 잠긴 왜가리 곁에 서서 강을 바라보았어요.

"원래 모습으로 반드시 돌아올 거야. 그렇게 될 거야. 금강 말고 다른 강들도. 그때 다시 보러 올게."

왜가리는 떠나려는 고미에게 말했어요.

"고미야, 너 혹시 내 부탁 들어줄 수 있어?"

고미는 흔쾌히 자신이 할 수 있는 일이라면 들어주겠다고 했어요.

"내 친척이 새로운 집을 잘 찾았는지 너무 궁금해서 말이야. 멋진 주목나무 집이 생겼다고 좋아했었는데, 그 집이 사라졌다는 이야기를 들었거든. 나는 고향으로 다시 돌아와서 너무 좋은데 거긴 어떤지 궁금해서 말이야. 가리왕산이라고 했는데 찾아가 줄 수 있겠어?"

고미는 왜가리의 부탁을 들어주기로 했어요. 가리왕산은 어디에 있을까? 고미는 다시 먼 길을 떠나기 위해 발걸음을 옮겼습니다.

캡틴이 전해 주는 환경 이야기

지구와 시민이 함께하는 환경운동연합

환경운동연합은 자연과 사람이 함께 행복한 미래를 만들어 갈 수 있도록 노력하는 환경 단체입니다. 특히, 일상생활 속에 일어나는 환경파괴 문제에 관심을 가지고 지속적으로 살피고 있어요.

최근에는 '가습기 살균제 사태'를 지속적으로 세상에 알렸어요. '가습기 살균제 사태'는 가습기 살균제를 사용한 사람들의 호흡기에 문제가 나타나고, 결국 사망한 사람까지 생긴 사건이에요. 끔찍한 일이 일어났지만, 가습기 살균제를 만든 회사에서는 자신들의 잘못을 인정하지 않았지요. 환경운동연합에서는 이런 상황을 세상에 알리는 데 앞장섰고, 다국적 기업 옥시레킷벤키저의 사과를 이끌어냈어요.

환경운동연합은 4대강 공사 이후 대응 활동을 가장 활발히 해 온 단체이기도 해요. 최근에는 불필요한 댐과 보의 철거를 위한 '댐 졸업' 캠페인을 하고 있어요. 필요 없는 댐을 없애면 막혀 있던 강이 다시 흐르게 되고, 강에 사는 생물들이 마음껏 오갈 수 있을 거예요.

4대강 사업은 강을 살렸을까요?

'4대강 사업'은 2009년에 시작되었어요. 해마다 반복되는 홍수 피해를 예방하고, 수질 개선과 생태 복원을 통해 하천을 건강하게 지키며, 하천 주변에 여가 공간을 만들어서 삶의 질을 개선하고 더불어 지역 발전을 꾀한다는 다양한 목적을 가지고 추진되었습니다.

하지만 물을 가두는 시설은 홍수 예방 시설이 될 수 없었고, <mark>4대강 공사를 벌였던 한강, 금강, 영산강, 낙동강은 현재 공사 후유증으로 몸살을 앓고 있어요.</mark>

4대강 사업으로 인해 강물 속도가 느려지면서 지난 7년간 녹조, 실지렁이, 큰빗이끼벌레가 생겨 생태계를 위협하고, 물고기 집단 폐사 같은 재앙이 일어나기도 했습니다.

<mark>지금은 이러한 문제를 해결하기 위해 일단 수문을 개방해 보고, 이에 따른 문제점들이나 실제 개선 여부를 살펴보고 있습니다. 4대강 사업으로 만들어진 금강의 3개 보는 완전히 개방되어 있는 상태로, 물만 흐르게 두었을 뿐인데 강을 떠났던 왜가리, 백로, 수달 등이 돌아오고, 시커먼 펄만 가득했던 강에 모래톱이 쌓이기 시작했다고 합니다.</mark>

이 숲의 주인은 누구일까요?

"우아! 정말 멋지다."

고미는 산꼭대기에 올라가 끝도 없이 펼쳐진 푸른 산봉우리를 보며 감탄했어요. 숲은 언뜻 보아도 오랜 시간 한 자리에 뿌리를 내리고 자란 어른 나무들로 가득했어요. 나무들이 내뿜는 건강한 공기가 고미의 몸도 튼튼하게 해 주는 것 같은 기분이 들었습니다.

고미는 자리에 서서 한 바퀴 빙그르르 돌았어요. 눈길이 닿는 모든 곳이 푸르렀어요. 산은 정말 멋진 곳이었습니다. 한참 풍경을 바라보고 있는데, 고미의 눈에 푸르른 주변과는 다른 모습이 들어왔어요. 거대한 물줄기처럼 나무 대신 땅이 드러나 있었던 거예요.

"저게 뭐야? 산이 왜 저렇게 된 거지?"

고미는 눈을 크게 뜨고 다시 보았어요. 잘못 본 건 아닌지 눈을 여러 번 감았다 떴지만 아무리 봐도 숲 한가운데가 비어 있었어요. 하나의 거대한 브로콜리 같던 숲의 가운데가 숭덩 잘려져 있는 것처럼 보였습니다.

"저기가 가리왕산인가 봐. 왜가리 친척은 저 숲에서 집을 잃게 된 거야."

고미는 멀리 보이는 곳으로 서둘러 달려갔어요. 가까이 가 보니 멀리서 보던 것보다 상황은 더욱 좋지 않았습니다. 나무들은 밑동도 남김없이 잘린 것 같았어요. 분명히 나무가 있어야 할 자리에 붉은 흙과 자갈만 남아 있었어요.

'이렇게 아름다운 숲이 왜 망가지게 됐을까?'

고미는 그 이유를 찾기 위해 가파른 길을 따라 정신없이 걷기 시작했어요. 주변 경치를 보며 행복했던 고미의 얼굴은 울상이 되었어요. 미간을 잔뜩 찌푸리고 걷던 고미는 둘레가 큰 나무의 밑동을 발견했습니다.

"저기, 잠깐 이야기를 나눌 수 있을까요?"

고미가 나무 밑동 앞에 쪼그리고 앉아 조심스럽게 말을 건넸어요.

"저는 왜가리 친척이 이 숲에서 집을 잃어버렸다고 해서 왔는데요. 숲이 이 정도일 줄은 몰랐어요. 도대체 이 숲에 무슨 일이 있었던 거예요? 왜 이 아름다운 산이 이렇게…."

나무 밑동은 한숨을 푹 내쉬며 말했어요.

"산을 깎아서 스키장을 만들었거든. 올림픽에 사용할 스키장을 말이야. 그걸 만든다고 이렇게 산 가운데를 다 베어 버렸어. 며칠 동안 열릴 올림픽을 위해서 500년 넘은 나무들을 흔적도 없이 베어 버렸지."

거대한 폭포처럼 가파른 길은 스키를 타기 위해 만든 것이었어요. 겨울에는 눈이 내려서 스키장이 유지됐지만 다른 계절에는 산 중심에 아무렇게나 뻗어 있는 길처럼 보이게 된 거였지요.

고미는 허무한 마음이 들었어요. 500년의 세월을 단숨에 베어 버리다니요. 그것은 숲에 뿌리를 내린 나무들뿐만 아니라 함께 살던 동물들도 내쫓는 일이었어요.

"네가 말했던 왜가리 친척이라는 그 새도 아마 다른 집을 찾아서 떠났을 거야. 여기는 먹을 것도, 쉴 곳도 없으니까."

고미는 가만히 고개를 끄덕였어요. 뻥 뚫려 버린 숲의 한 가운데에 선 고미는 마음이 아팠어요. 사람으로 인해 계속해서 자연이 고통받고 있다는 생각이 들었습니다.

"원래 무슨 나무셨어요? 밑동이 큰 거 보니까 이 숲에서 오래 사셨죠? 베어지기 전에 엄청나게 큰 나무였을 것 같아요."

고미는 밑동을 가만히 쓰다듬으며 말했어요.

"나는 주목나무야. 여기서 아주 오랜 시간을 살았지. 400살이 넘었으니까 말이야. 그러면 뭐해. 이렇게 베어진걸. 내가 가장 슬펐던 건 숲이 이렇게 엉망이 되는데 나는 아무것도 할 수 없었다는 거야. 지금도 여전히 나는 할 수 있는 게 없단다. 이렇게 망가진 숲을 바라보는 일 밖에는 할 수 있는 게 없어."

고미는 감히 주목의 마음을 이해할 수 없을 거라는 생각이 들었어요. 400년 이상을 바라보던 숲속 풍경을 더는 볼 수 없게 된 나무의 마음을요.

고미는 잠시나마 나무의 아픈 마음을 나눠 가져야겠다고 생각했어요.

"이전과는 비교할 수 없겠지만, 다시 나무를 심으면 그래도 조금씩 숲의 모습을 다시 찾을 수 있지 않을까요? 시간이 오래 걸려도 말이에요."

나무는 고미의 말이 맞다고, 그게 최선일 거라고 말했어요. 엄청난 돈을 들여도 완전하게 되돌릴 순 없겠지만, 그래도 숲을 되돌리려는 노력은 반드시 필요하다고요.

"스키장을 만들기 위해서 10만 그루 가까이 나무들이 베어졌어. 우리 숲에만 살던 동물들이 떠나가고 친구들이 형체 없이 사라지는 것을 보면서도 내가 힘을 내서 살아갈 수 있었던 건 숲의 편에 서서 함께 싸워 준 사람들이 있었기 때문이야. 다시 숲을 되돌리려고 노력하는 사람들이 있어서 살 수 있었어. 그 사람들의 외침에 희망을 갖고 아직 여기에 살아남아 있어. 나는 숲이 다시 살아나는 걸 지켜

볼거야.”

고미는 고개를 끄덕였어요. 숲이 처음부터 지켜졌다면 좋았겠지만, 이미 벌어진 일이라면 그 중에서 가장 좋은 방법을 선택해야 한다는 생각이 들었어요.

“주목나무 어르신, 제가 가리왕산 이야기를 사람들에게 전할게요. 많은 사람이 가리왕산을 위해 목소리를 높이면 숲이 원래대로 돌아오는 일이 조금은 빨라질 거예요. 이곳의 문제를 알릴 좋은 방법을 생각해 볼게요. 그리고 다시는 이런 일이 일어나지 않도록 힘을 더 할게요. 기다려 주세요. 네?”

주목나무는 아무 말 없이, 뜨거운 눈물만 흘렸어요. 고미는 밑동에 기대어 앉아 나무를 위로했습니다.

“고맙다. 나는 살아서 천 년, 죽어서 천 년을 사는 나무라고들 해. 살아서 400년을 넘게 살았으니 아직 지켜볼 날이 더 많이 남아 있겠지. 숲이 살아나는 걸 보는 게 내 소원이야.”

주목나무에게 인사를 하고 숲을 빠져나오면서 고미는 자꾸만 뒤를 돌아보게 되었어요. 자연의 편에서 생각하지 않으면 금세 엉망이 되어 버리고 마는 일들이 너무 많다는 걸 다시 느꼈습니다.

고미는 주목나무와 했던 약속을 곱씹어 보았어요. 자연을 지키고 보호하는 일은 누구 하나가 할 수 있는 일이 아니었어요. 고미는 캡틴이 영상을 찍던 것과, 함께 캠페인을 했던 일을 떠올렸어요. 그러고는 자연 속에 살고 있는 모두가 함께해야 하는 일이라는 걸 전해야겠다고 생각했지요. 고미는 북극에 돌아가 환경을 위한 책을 쓰기로 결심했어요.

발걸음을 재촉하는 고미의 그림자 위로 커다란 나무 그림자가 겹쳐졌어요.

캡틴이 전해 주는 환경 이야기

자연의 가치를 지키는 사람들이 모인
녹색연합

녹색연합은 사람과 자연이 더불어 공존하는 아름다운 세상을 만들기 위해 노력하는 단체예요. 지구 안에 사는 모든 생명체를 존중하고 소중히 여기며, 생태계의 보존과 회복을 위해 마음을 모으고 행동하지요. 녹색연합은 자연환경을 무너뜨리는 파괴적인 개발 사업을 반대하고 다양한 생물종을 보전하기 위해 힘쓰고 있습니다.

녹색연합은 4대강 건설로 막힌 보에 갇힌 물고기들이 산란을 위해 자유롭게 이동할 수 있게 해야 한다는 '물고기 이동권'을 주장하며 불필요한 댐과 보 구조물 철거를 위한 활동을 하고 있어요. 또한 사람과 동물에게 모두 위험한 로드킬 사고 줄이자는 'STOP 로드킬' 캠페인을 진행하고 있어요. 건물과 도로의 투명한 유리벽에 새들이 부딪혀 죽거나 다치지 않도록 새 충돌 테이프를 붙여 새들의 이동권을 보호하는 '새친구 프로젝트' 활동도 하고 있지요.

설악산의 케이블카 설치를 반대하기도 했어요. 케이블카가 설치될 곳이 멸종위기종인 산양의 서식지이고, 사람들이 많이 찾게 되면 환경이 오염되기 때문이에요. 녹색연합은 산양 권리 찾기 웹툰인 《나의 권리를 찾아서》를 통해 숲이 생물들에게 어떤 의미를 갖는지 보여주었습니다. 그 결과, 설악산 오색 케이블카 설치를 막아낼 수 있었답니다. 그 외에도 녹색연합에서는 어린이 자연학교 같은 다양한 시민 교육 프로그램을 통해 환경과 조화를 이루어 살아가는 삶을 교육하고 있어요.

고미의 질문

가리왕산을 되돌릴 수 있을까요?

가리왕산을 지키기 위해 숲을 사랑하는 사람들이 함께 싸웠지만 결국 나무들은 벌목되었습니다. 평창동계올림픽에서 단 3일간 열릴 스키 경기를 위해 500년 숲은 큰 상처를 입었습니다.

가리왕산은 조선 시대부터 '보물산'이라 칭하며 왕실이 직접 관리해온 국가 보호림이었어요. 이후에는 '산림유전자원보호구역'으로 지정되어 국가 최고 수준으로 보호되어 왔습니다. 가리왕산에는 수명이 100년도 넘은 천연림이 분포하고 있고, 수많은 야생동식물이 살아가고 있었기 때문이지요. 가리왕산 숲을 터전으로 삼았던 생명 중에는 주목나무, 부비나무, 산마늘, 거제수나무 등의 희귀식물과 수달, 담비, 삵, 황조롱이 등의 멸종위기등급 천연기념물이 포함되어 있었어요. 하지만 2018년 평창동계올림픽 스키장을 건설하기 위해 가리왕산을 보호구역에서 해제하고 공사를 진행했고, 10만 그루의 나무가 잘려나갔습니다. 그리고 나무를 터전 삼아 살아가던 무수한 생명은 자취를 감추었어요.

올림픽이 끝나고 1년이 훌쩍 지났지만, 복원에 대한 구체적인 대책은 아직 부족합니다. 복원이 되기까지는 많은 시간과 예산, 그리고 지혜가 필요해요. 잘려나간 10만 그루의 나무가 자라고 다시 숲이 우거져 이전의 모습을 찾을 수 있을 때까지 우리는 가리왕산을 잊지 말고 기억해야 합니다. 복원이 흐지부지되지 않도록 관심을 갖고 지켜보고 행동해야 합니다.

북극에서 보내는 편지

캡틴, 안녕하시죠?

저는 캡틴 덕분에 북극에 잘 돌아왔어요.

캡틴과 함께 여행했을 때가 그리웠는데, 환경 영화제에 초대해 주신 덕분에 다시 여행을 할 수 있어서 좋았어요. 정말 감사해요.

캡틴과 함께했던 지난 여행에서도 느꼈지만, 정말 지구에서 다양한 환경 문제가 일어나고 있다는 걸 알게 되었어요. 특히 한국 여행에서는 일어나지 않을 수 있었던 환경 문제들을 만나면서 안타까운 마음이 들었어요. 흐르는 강을 일부러 막아두는 일이나 경기장을 만들기 위해서 500년도 넘은 나무들을 베어버리는 일은 하지 않아도 되는 일이었으니까 말이에요.

캡틴이 그러셨죠? 모두가 자연을 사랑하면 사람들의 이기심으로 생기는 재앙 같은 일들이 줄어들 거라고요.

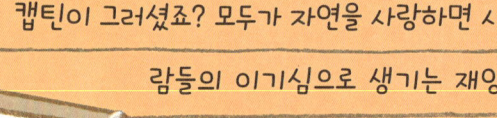

저는 돌아와서도 계속해서 그 말을 생각했어요. 편리해지기 위해서 선택한 일들이 지구에 얼마나 큰 상처를 남겼는지를 말이에요.

지금은 어떤가요? 숲에서 만났던 동물들은 안심하고 잠을 자고, 신나게 숲을 뛰어다니고 있나요? 바다에는 플라스틱 쓰레기들이 좀 줄었을까요? 바키타돌고래는 만나셨어요? 남극은 어때요? 4대 강은 다시 흐르는지, 가리왕산의 주목 어르신은 숲이 살아나는 걸 보고 계신지 궁금한 게 참 많네요.

저는 북극에서 제가 할 수 있는 일을 하고 있어요. '북극 지킴이'라는 동아리를 만들어서 친구들과 함께 북극에 있는 쓰레기들을 한곳에 모으고 있답니다. 북극으로 흘러들어온 플라스틱과 쓰레기들을 먹어서 아프고 다치는 친구들이 늘어나는 것을 보고 하게 됐는데 제법 효과가 좋아요. 쓰레기를 주워 모으는 친구들도 많아졌고, 플라스틱이 먹이인 줄 알고 먹으려는 친구들도 많이 줄었거든요.

그리고 캡틴과 탐험했던 여행기를 책으로 쓰고 있어요. 책을 읽은 사람들이 환경 문제에 관심을 갖길 바라면서 말이에요.

북극은 여전히 사냥이 어려워요. 하지만 그 안에서 살아가는 우리들은 점점 나아질 거라는 희망과 믿음을 가지고 살아가고 있어요. 그렇게 되겠죠, 캡틴?

캡틴!

저는 지구를 위해서 할 수 있는 일이 있다면 기꺼이 할 거예요. 지금은 할 수 있는 일이 이것뿐이지만 언젠가 다시 캡틴을 만난다면 또 지구 여행을 하고 싶어요. 제가 도울 수 있는 것은 뭐든지 할게요. 캡틴은 지금처럼 사람들이 자연에 관심을 가질 수 있게 해 주세요. 관심이 사랑이 될 수 있게 말이에요.

북극의 변화도 매일매일 기록하고 있어요. 다음에 만나면 보여드리고 싶어요.

친구들에게 안부 전해주세요. 고미는 잘 지내고 있다고요. 친구들도 잘 지냈으면 좋겠어요.

다시 만날 때까지 안녕, 캡틴!

-고미 올림

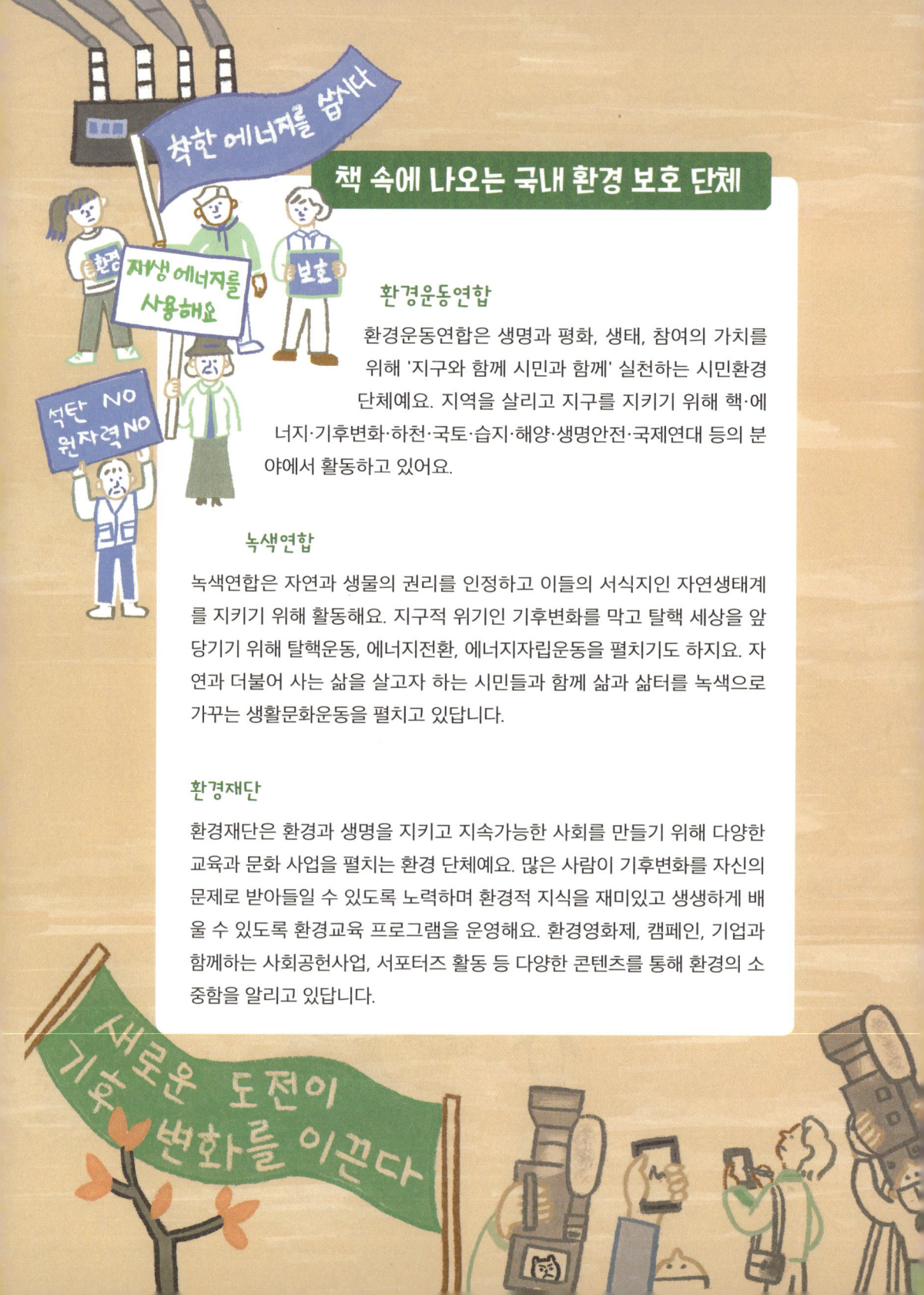

책 속에 나오는 국내 환경 보호 단체

환경운동연합

환경운동연합은 생명과 평화, 생태, 참여의 가치를 위해 '지구와 함께 시민과 함께' 실천하는 시민환경 단체예요. 지역을 살리고 지구를 지키기 위해 핵·에너지·기후변화·하천·국토·습지·해양·생명안전·국제연대 등의 분야에서 활동하고 있어요.

녹색연합

녹색연합은 자연과 생물의 권리를 인정하고 이들의 서식지인 자연생태계를 지키기 위해 활동해요. 지구적 위기인 기후변화를 막고 탈핵 세상을 앞당기기 위해 탈핵운동, 에너지전환, 에너지자립운동을 펼치기도 하지요. 자연과 더불어 사는 삶을 살고자 하는 시민들과 함께 삶과 삶터를 녹색으로 가꾸는 생활문화운동을 펼치고 있답니다.

환경재단

환경재단은 환경과 생명을 지키고 지속가능한 사회를 만들기 위해 다양한 교육과 문화 사업을 펼치는 환경 단체예요. 많은 사람이 기후변화를 자신의 문제로 받아들일 수 있도록 노력하며 환경적 지식을 재미있고 생생하게 배울 수 있도록 환경교육 프로그램을 운영해요. 환경영화제, 캠페인, 기업과 함께하는 사회공헌사업, 서포터즈 활동 등 다양한 콘텐츠를 통해 환경의 소중함을 알리고 있답니다.

책 속에 나오는 국제 환경 보호 단체

그린피스

그린피스는 이름처럼 지구의 초록 평화를 지키는 단체예요. 환경보호와 평화를 위해 행동을 통한 긍정적인 변화를 기대하지요. 환경파괴를 유발하는 모든 정부나 기업에 대항하며, 그 현장을 직접 조사하고 폭로하여 대응합니다. 특히 핵에 대한 전면적인 보이콧 운동을 펼치고 있고 대대적인 에너지 개혁을 요구하고 있어요.

세계자연기금(WWF)

세계자연기금은 지구의 자연환경을 보전하고 인간이 자연과 조화롭게 살아가는 미래를 만들고자 해요. 이를 위해, 생물다양성을 보전하고 재생 가능한 자연자원의 이용을 지속 가능한 방식으로 유도하며, 인류가 동식물과 자연환경에 미치는 영향을 줄이는 데 힘쓰고 있어요.

지구의벗(FOE)

지구의 벗은 오늘날 가장 긴급한 환경·사회 이슈인 '기후정의와 에너지', '숲과 생물다양성', 식량주권', '신자유주의에 저항하는 경제정의' 4대 중점분야에서 활동해요. 중요한 환경 이슈들에 대해 세계 연합으로 공동 캠페인을 펼치고 환경적으로 지속가능하고 사회적으로 정의로운 세상을 만들기 위해 노력해요.

북극곰 고미의 환경 NGO 활동기

1판 1쇄 발행 2020년 1월 10일
1판 2쇄 발행 2020년 12월 8일

글 쓴 이 박하나 그린이 신슬기
펴 낸 곳 (주)중앙출판사
펴 낸 이 이상호
책임편집 한라경
디 자 인 이든디자인

주   소 경기도 파주시 문발로 405, 2층
등   록 제406-2012-000034호(2011.7.12.)
구입문의 031-955-5887 편집 문의 031-955-5888 팩스 031-955-5889
홈페이지 www.bookscent.co.kr 이메일 master@bookscent.co.kr

ISBN 979-11-86771-39-6 74800
      978-89-97357-01-7 (세트)

이 도서의 국립중앙도서관 출판예정도서목록(CIP)은 서지정보유통지원시스템 홈페이지(http://seoji.nl.go.kr)와 국가자료공동목록시스템(http://www.nl.go.kr/kolisnet)에서 이용하실 수 있습니다.(CIP제어번호:2020000317)

*본 책은 저작권법에 의해 보호를 받는 저작물이므로 무단 전재와 복제를 금합니다.
*KC마크는 이 제품이 공통안전기준에 적합하였음을 의미합니다.

모델명	북극곰 고미의 환경 NGO 활동기	제조년월	2020. 12. 8.	제조자명	(주)중앙출판사	제조국명	대한민국
주소	경기도 파주시 문발로 405, 2층	전화번호	031-955-5888	사용연령	7세 이상		

책내음은 (주)중앙출판사의 유아·아동 브랜드입니다.